「核抑止力」論を乗り超えるために

世界の真の対抗軸を見極める

冨田宏治

日本機関紙出版センター

〈もくじ〉

「核抑止力」論を乗り超えるために——世界の真の対抗軸を見極める——

もくじ

「核抑止力」論を乗り超えるために
——世界の真の対抗軸を見極める

はじめに

本書は、2022年5月13日に、沖縄県民主医療機関連合会（沖縄民医連）と沖縄県平和委員会の共催で催されたオンライン講演の文字起こし原稿に必要な加筆を施したものです。主催者からの講演依頼は、「ウクライナ・核・憲法を語る」をテーマにということでした。ちょうど2021年10月の衆議院総選挙の結果に関する各地での講演がひと段落した頃であり、ロシアのウクライナ侵略と「核脅迫」、日本での9条改憲、「敵基地攻撃能力」、「核共有」といった諸問題を取り上げた講演は、このオンライン講演がはじめてのものでした。

正直なところ、どんな話にすべきか随分考えあぐねました。「危機感をひたすらに煽って、まなじりを決して闘おうと呼びかけるようなお話」は、全くのところ私の趣味ではありません。危険な情勢を冷静に捉えつつも、みんなで展望を分かちあい、前向きに進んでいけるような、そんな確信の持てる講演はできないだろうか。いろいろと思いを巡らしながら、なんとか準備したのがこの講演でした。タイトルは「世界の真の対抗軸を見極める――核兵器禁止条約・ウクライナ・平和憲法、そして人間の尊厳――」とつけました。

読み返してみると、内容には多くの重複が見うけられ、カッコ良く言えば螺旋状の展開とも言えそうですが、実のところ、蛇がトグロを巻くように無様にのたうっているとの感が拭えません。このテーマでの講演がはじめてだったこともあり、まだまだ考えが整理しきれていなかったことは隠しようもありません。その後、「日本母親大会のしおり」をはじめ、同様のテーマでの文章をいくつか記し、講演もくり返してきましたので、今ならずっと上手に話せるのにとの忸怩たる思いもあります。

ただ悪慣れしていない生々しい緊張感が漂っていることも確かのように思います。未熟としか言えないような講演記録ですが、本書が少しでも皆さまのお役に立つことができるとするならば筆者には望外の幸せです。

根は一つ。人間の命をどう考えるのか

沖縄は今（2022年5月13日現在）、コロナの感染者が再拡大しさらに過去最高を更新しているようで、みなさん大変ご苦労されておられるだろうと思っています。私の住む大阪は100万人あたりのコロナの死者数で全国トップを走っております。3月末頃の数字で計算し

たところ、全国が218人だった時に大阪府は515人、大阪市に至っては660人で、全国平均の3倍にものぼっていました。いったい何が起こっているのだろうという話ですが、それは言うまでもなく、維新政治がこれをもたらしたのだとしか言いようがありません。

維新政治の下、この10年ほどの間に大阪府の公務員の先生方、看護師さんたちの数が半減しています。官から民へというスローガンで公立病院を片っ端から潰したり独立行政法人化したりして半分以下（50・4％削減、全国平均は6・2％削減）に減らしてしまいました。今の日本の医療体制では、コロナ医療においては公立病院が先頭に立つしかない。民医連（全日本民主医療機関連合会）のみなさんが厳しい経営状況に陥ることを覚悟しながらコロナ患者を受け入れていらっしゃる。その涙ぐましい努力については十分承知しておりますけれども、民間病院がおいそれとコロナ患者を受け入れられないというのが残念ながら日本の医療体制の現状です。そういう医療体制の中では公務員の先生方が最前線に立たなきゃならない。その先生方が大阪では10年で半分以下になっている。こういう凄まじいことになっていて、それが医療崩壊を深刻化させ、コロナの死者数を全国平均の3倍という状態にしているのだろうと思います。

これは維新政治のせいだ。まさに「＃大阪維新に殺される」ということなのですが、その維新が今まさに「核共有」を盛んに唱えている。これが何を意味しているのかというと結局、平和の問題、核の問題、ウクライナの問題、そしてコロナの問題も根は一つなのであって、やはり人間の命をどう考えるのかということなのだと思います。人の命の尊厳、人の命の大切さ、人間の尊厳、個人の尊厳。私たちはその点で真の対立軸というのを見極めていかなければならない。いったい私たちは誰と、どういう勢力と、どういう軸で対決し、対立しているのか、改めて確認をしておく必要があるのではないかと思っています。

まさに今回、その維新の問題も含めて、世界全体を覆うような大きな視点で、どこに真の対立軸があるのかということについて、私自身、改めて考える機会をいただきました。そのことをお話させていただきたいと思うのです。

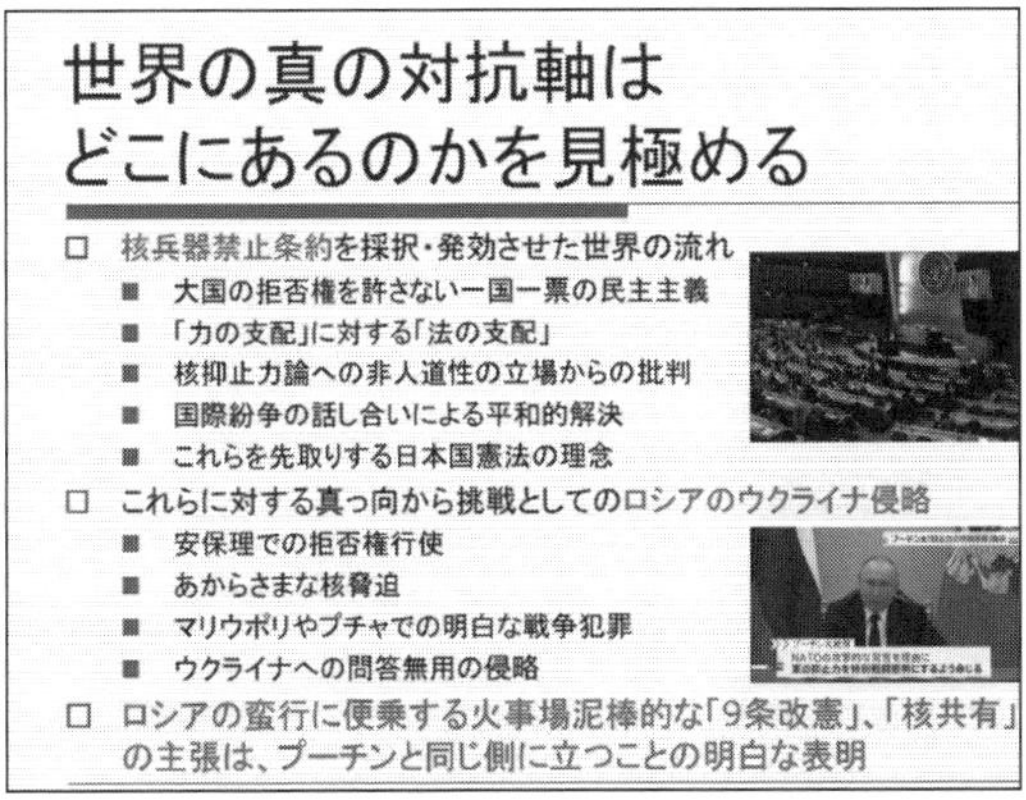
世界の真の対抗軸は
どこにあるのかを見極める
□ 核兵器禁止条約を採択・発効させた世界の流れ
■ 大国の拒否権を許さない一国一票の民主主義
■ 「力の支配」に対する「法の支配」
■ 核抑止力論への非人道性の立場からの批判
■ 国際紛争の話し合いによる平和的解決
■ これらを先取りする日本国憲法の理念
□ これらに対する真っ向から挑戦としてのロシアのウクライナ侵略
■ 安保理での拒否権行使
■ あからさまな核脅迫
■ マリウポリやブチャでの明白な戦争犯罪
■ ウクライナへの問答無用の侵略
□ ロシアの蛮行に便乗する火事場泥棒的な「9条改憲」、「核共有」の主張は、プーチンと同じ側に立つことの明白な表明

世界の真の対抗軸を見極める

核兵器禁止条約・ウクライナ・平和憲法、そして人間の尊厳。今、前置きとしてお話ししたことが全てを物語っていて、それ以上細かい話をしなくても良いのではないかとも思うくらいなのですが、すべての根源、その底流になければならない人間の命の大切さ、人間の尊厳というもの。それをベースにして、今日の世界の真の対抗軸を見極めていきたいと思い

ます。

世界の真の対抗軸がどこにあるかを極める。この点について結論を先取りすることになりますが、私はその一方にあるのは核兵器禁止条約を採択し、発効させた世界の変化、世界の流れなのであり、これをしっかり掴むことが大切なのだろうと思います。

私はこの間、それを「世界の不可逆な四つの流れ」という形で整理して、さまざまな機会にお話してきたところです。それらは、①一つめは大国の拒否権を許さない「熟議」による一国一票の多数決という「民主主義」の流れです。②二つめは「力の支配」に対して「法の支配」を対置していこうとする流れ。③三つめは「核抑止力」論というものを核兵器の非人道性を告発する立場から批判していく流れであり、そして④四つめは国際紛争の話し合いによる平和的解決を求める流れです。

こういう世界の大きな流れが核兵器禁止条約という素晴らしい歴史的達成を生み出し、それがこのコロナ禍の中で発効し、そしてロシアのウクライナ侵略という蛮行に対しても、今まさに核兵器禁止条約を発効させた世界が対峙している。こういうことを見極めておく必要があるのではないかと思います。そして、これらを先取りしていたのが日本国憲法の理念なのであり、これがあらためて輝きを増していること。そしてこれらの流れに対して真っ向から挑戦する蛮行が、ロシアによってもたらされたのだということです。

プーチンの戦争犯罪に便乗する「火事場泥棒」たち

いま挙げた「四つの流れ」。ロシアはこれに真っ向から挑戦したわけです。今年2月24日に隣国ウクライナに全面侵攻を行なうと同時に、国連安全保障理事会の議長だったロシアは、翌25日に安保理を招集するや、安保理常任理事国としての拒否権を発動して、安保理の機能を停止させてしまおうとしました。大国の拒否権を許さないというのが核兵器禁止条約を生み出した世界の流れであるのに、これに真っ向から挑戦するように拒否権を行使してみせた。

そして、あからさまな「核脅迫」を行った。これは核兵器禁止条約が禁止した「核兵器の使用の威嚇」そのものです。「力の支配」の象徴である核兵器とその「使用の威嚇」を、「法の支配」という立場から禁止条約によって明確に禁止した。こうした世界の新しい在り方に対して、あからさまな「核脅迫」を行なうことでプーチンは真っ向から挑戦したわけです。

さらにロシア軍は、本当に目を覆いたくなるような戦争犯罪を繰り返しています。一般市民に対する無差別殺戮や虐殺行為などを公然と犯しているのです。ここで問われている戦争犯罪とはどういう罪なのかというと、それは「人道に対する罪」です。非戦闘員である市民に対する非人道的な殺戮行為。今日の世界では、これは犯罪として裁かれるべきだとされているのであって、直接殺戮に手を下したロシア兵だけではなく、それを命じたであろうプーチン大統領もまた、今まさに戦争犯罪人として、国際刑事裁判所によってウクライナにすでに派遣されている検察官の捜査の対象となっているわけです。いずれプーチン自らが戦争犯罪人として訴追されることになるでしょう。世界はプーチンの蛮行と「力」の行使を「法」によって裁こうと、つまり「法の支配」を貫こうとしているわけです。

ロシアによるウクライナへの問答無用の侵略が国際紛争を武力によって解決しようとする蛮行であって、国際紛争の平和的解決を求める世界の流れに対する真っ向からの挑戦であることは言うまでもありません。こうしてプーチン大統領は、核兵器禁止条約を生み出した「世界の不可逆な四つ流れ」のすべてに、ことごとく挑戦しているということになります。

くり返しますが、この基本的な対立軸をしっかり見定めていくということが大切です。そして、この軸を明確に見極めることができた時に、こうしたロシアの蛮行に便乗して噴出してきている「火事場泥棒」としか言いようのない議論の本質も自ずと明らかになるはずです。9条改憲、核共有、敵基地攻撃能力、そして軍事費倍増。本当に情けない状況になっていますが、こうした「火事場泥棒」たちは、実はプーチンの側に立つという自らの立場を明瞭に示しているのだということです。

彼らもまた核兵器禁止条約を生み出したこの「世界の不可逆な四つ流れ」に挑戦しようとしている。そしてこの世界の流れを先取りしてきた日本国憲法に真っ向から挑戦しようとしているのです。日本共産党の志位和夫さんは、「日本国憲法第9条は日本にプーチンのような存在を生み出さないためにある」のだと断言しました。だとすれば、その9条が邪魔でならない、9条をなくさなきゃいけないなどといったい誰が思っているのでしょうか。自分がプーチンのようになりたい人たちに決まっているではありませんか。自分もプーチンのように「力」を振りかざし、他国を蹂躙することのできる存在になりたい。そう思った時、自分たちの野望、野心を妨げ、そこに立ちふさがるのが日本国憲法であり、その第9条なのです。だから9条が邪魔だと言っているに過ぎない。彼らは口ではプーチンを批判しながら、実はプーチンそのものになろうとしている。プーチンの立場に立とうとしているわけです。このことを見極めていくことが今とても大事なのだろうと思います。

核兵器禁止条約を生み出した「4つの不可逆な流れ」

世界の真の対抗軸がどこにあるのかということを見極めた時に、いろんなことがクリアに見えてくる。今日はみなさんに、そのことをしっかりとお話しできればと思います。

くり返しになりますが、まず、核兵器禁止条約を生み出した「四つの流れ」について、あらためてお話をしましょう。これはもうまさに「不可逆な流れ」です。後戻りができない。もう後戻りをすることはない。そういう流れです。それに対してプーチンがまさに最後の挑戦を仕掛けてきている。そういうことなのだと私は理解しています。まずは、この「四つの流れ」について、できるだけ詳しくお話ししたいと思います。

その「四つの流れ」の一つは「民主主義の流れ」です。大国でも小国でも一国一票。それが民主主義です。そしてもう一つ、そこに市民社会という「もう一つの大国」を参加させる。市民社会も参加して、大国も小国も対等の立場で徹底的に話し合い、つまり「熟議」を尽くして、最後は一国一票の多数決で世界の重要問題について決定していく。そういう新しい世界の在り方を核兵器禁止条約は象徴しているのです。

核兵器禁止条約を生み出した世界政治の4つの不可逆的流れ

- □ ①民主主義
  - ■ 大国でも、小国でも、一国一票の民主主義
  - ■ 市民社会という「もう一つの大国」の参画
- □ ②「法の支配」ー法的拘束力のある措置
  - ■ 大国による「力の支配」から「法の支配」へ
  - ■ 核兵器の法的禁止の先行
- □ ③抑止力批判ーテロと拡散、非人道性
- □ ④国際紛争の平和的解決

核兵器禁止条約は２０１７年３月から７月に開催された国連会議で、被爆者のみなさんやノーベル平和賞を受賞したＩＣＡＮ、日本原水協や日本共産党などＮＧＯ（非政府組織）＝市民社会も参加した徹底的な「熟議」の末、３度にもわたる大幅な修正を経て、賛成１２２カ国、反対１カ国、棄権１カ国の多数決によって採択されました。核兵器禁止条約はまさに世界における「民主主義の流れ」が生み出した最大の達成なのであり、世界の「民主主義の流れ」の象徴だと言っても良いのです。

二つ目は、「法の支配」。法的拘束力のある措置によって、

大国の「力の支配」から、すべての国ぐにが法の下に平等であるような「法の支配」の世界へと変えていく。そういう「法の支配」の流れです。だから「力の支配」の象徴である核兵器を「法」で禁止する核兵器禁止条約を実現させたのです。世界はまずこういう方向へ大きく変わろうとしている。そして、まさにそのシンボルとして、核兵器禁止条約が生み出されたのです。そのことを確認したいと思います。

そして、そこでは「核抑止力」というものが、まさに「非人道性」という見地から批判され、否定されました（「核抑止力批判の流れ」）。この「核抑止力」論というものについては、今日のお話の中心的な問題でもありますから、後で詳しくお話ししましょう。

さらには、国際紛争は平和的に解決しなければならないということです（「国際紛争の平和的解決の流れ」）。この「世界の不可逆の四つの流れ」こそが、核兵器禁止条約を生み出し、新しい世界の在り方を作り出そうとしているのです。これに追い詰められた大国が、ついにこの流れに対する真っ向からの挑戦を仕掛けてきた。それがロシアによるウクライナ侵略だったということになります。

大国の恫喝に屈することなく成立した核兵器禁止条約

ちゃんとエビデンスを上げていきましょう。2017年7月7日、国連会議（「核兵器の全面廃絶につながる、核兵器を禁止する法的拘束力のある協定について交渉する国連会議」〈第1会期が２０１７年３月27日～３月31日、第２会期が２０１７年６月15日～７月７日〉でついに核兵器禁止条約が採択されました（賛成１２２、反対１、棄権１）。そして２０２１年１月22日、ついにこの条約は発効の日を迎えました。この条約はまさにこの「四つの流れ」の中で採択されました。これが多数決によって採択されたということ自体が大きなことだったわけです。一国一票の多数決でした。つまり大国の拒否権を認めなかったということです。

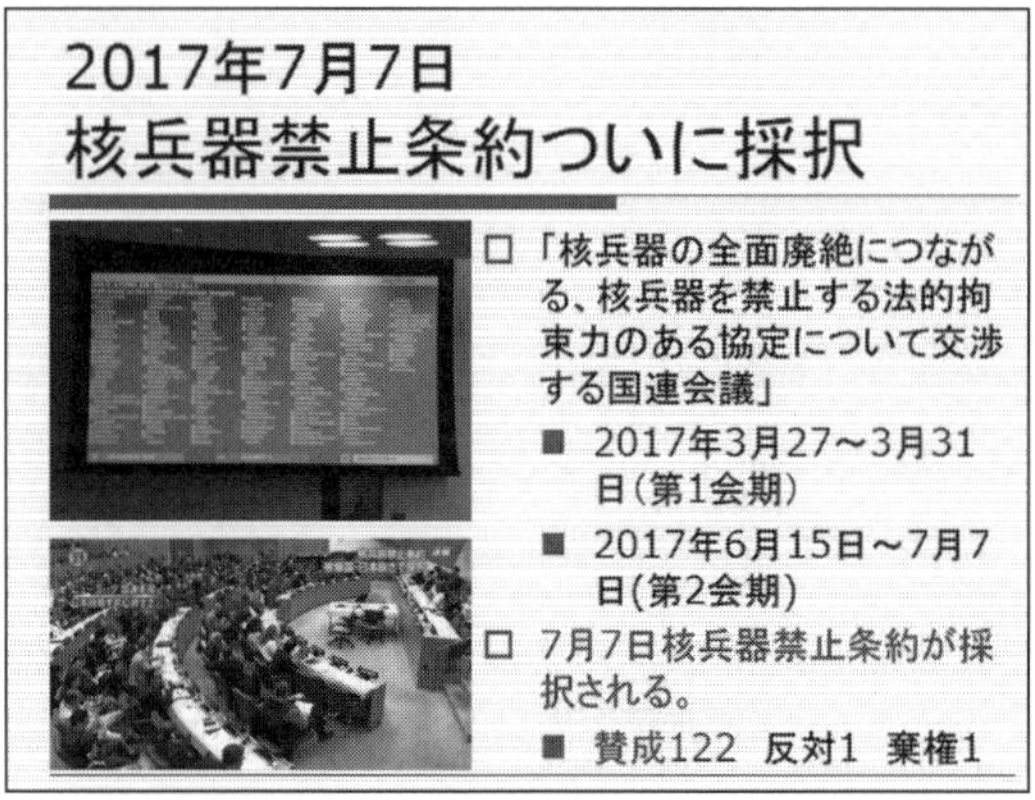

2017年7月7日
核兵器禁止条約ついに採択
□「核兵器の全面廃絶につながる、核兵器を禁止する法的拘束力のある協定について交渉する国連会議」
■ 2017年3月27～3月31日（第1会期）
■ 2017年6月15日～7月7日（第2会期）
□ 7月7日核兵器禁止条約が採択される。
■ 賛成122 反対1 棄権1

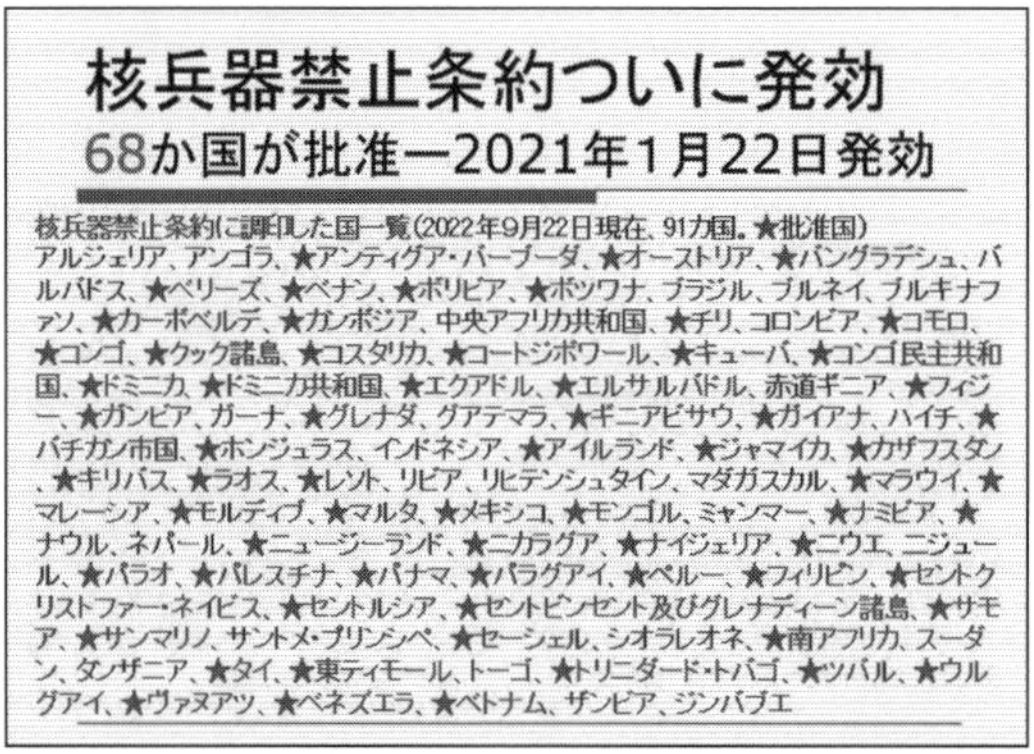

核兵器禁止条約ついに発効
68か国が批准ー2021年1月22日発効
核兵器禁止条約に調印した国一覧（2022年9月22日現在、91カ国。★批准国）
アルジェリア、アンゴラ、★アンティグア・バーブーダ、★オーストリア、★バングラデシュ、バルバドス、★ベリーズ、★ベナン、★ボリビア、★ボツワナ、ブラジル、ブルネイ、ブルキナファソ、★カーボベルデ、★カンボジア、中央アフリカ共和国、★チリ、コロンビア、★コモロ、★コンゴ、★クック諸島、★コスタリカ、★コートジボワール、★キューバ、★コンゴ民主共和国、★ドミニカ、★ドミニカ共和国、★エクアドル、★エルサルバドル、赤道ギニア、★フィジー、★ガンビア、ガーナ、★グレナダ、グアテマラ、★ギニアビサウ、★ガイアナ、ハイチ、★バチカン市国、★ホンジュラス、インドネシア、★アイルランド、★ジャマイカ、★カザフスタン、★キリバス、★ラオス、★レソト、リビア、リヒテンシュタイン、マダガスカル、★マラウイ、★マレーシア、★モルディブ、★マルタ、★メキシコ、★モンゴル、ミャンマー、★ナミビア、★ナウル、ネパール、★ニュージーランド、★ニカラグア、★ナイジェリア、★ニウエ、ニジュール、★パラオ、★パレスチナ、★パナマ、★パラグアイ、★ペルー、★フィリピン、★セントクリストファー・ネイビス、★セントルシア、★セントビンセント及びグレナディーン諸島、★サモア、★サンマリノ、サントメ・プリンシペ、★セーシェル、シオラレオネ、★南アフリカ、スーダン、タンザニア、★タイ、★東ティモール、トーゴ、★トリニダード・トバゴ、★ツバル、★ウルグアイ、★ヴァヌアツ、★ベネズエラ、★ベトナム、ザンビア、ジンバブエ

そしてこの核兵器禁止条約が成立したことそのものが、新しい世界の流れを象徴していたわけです。大国が何を言おうと、大国が反対しようと、ボイコットしようと、この世界の重要問題は市民社会をも巻き込んだ徹底した「熟議」

を通じて多数決で決めていく。大国であろうと小国であろうと一国一票で決めていくのだという、そういう新しい世界の姿を核兵器禁止条約は示しているのだということになります。

１２２の国が賛成した上で、87カ国が署名し、そして60カ国が批准しました（２０２２年4月現在。その後も8カ国が批准し、２０２２年10月現在、署名国は91カ国、批准国は68カ国となっています）。実はこうして1カ国、1カ国と批准国が増えていくごとに、「核兵器のない世界」へのカウントダウンが進んでいると考えていただければいいわけです。１９３カ国が現在の国連加盟国の数になりますが、1カ国増えるごとに「核兵器のない世界」へと、核兵器の完全廃絶へと向かってカウントダウンが進行している※。これが１００カ国になれば、世界の過半数以上の国ぐにが批准したことになる。最後の1カ国が加盟するまでそのカウントダウンは進んでいくことでしょう。今、世界はそういう状態に入っているのです。

※２０２２年6月21日から23日までウィーンで開催された核兵器禁止条約第1回締約国会議で満場一致で採択された「ウィーン宣言」は次のような文章で結ばれています。「私たちは、この条約の目的を実現する上で私たちの前に立ちはだかる課題や障害に幻想を抱いていない。しかし、私たちは楽観主義と決意をもって前進する。……私たちは、最後の国が条約に参加し、最後の核弾頭が解体・破壊され、地球上から核兵器が完全に廃絶されるまで、休むことはないだろう」。なんとすばらしい「宣言」ではありませんか。

この核兵器禁止条約が発効する直前に核大国アメリカは、すでに条約を批准していた国ぐにへ書簡を送りつけ、次のような前代未聞の恫喝を行いました。「核兵器禁止条約を批准する貴国の主権は承認するが、戦略的誤りを貴国が犯したと確信しており、批准書は撤回すべきだ」。核を振りかざす超大国がこんな恫喝をしたわけです。この時点で49カ国が批准していましたけれども、その4割までは人口150万人以下という小さな小さな国ぐにだったのです。しかし、ただの1カ国もこの恫喝に屈しませんでした。すごいことです。いずれの国も動揺することなく、核兵器禁止条約は粛々と発効していきました。超大国アメリカが核兵器禁止条約の発効をどれほど嫌がっていたかということを象徴する出来事ですけれども、核兵器禁止条約を採択し、発効させていった世界の流れは、こんな恫喝にはビクともしなかったのです。

日本だったらどうでしょう。それは本当に寂しい限りです。人口でも経済力でも軍事力でも大国に次ぐ、そういう国ですけど、たぶんアメリカにこうやってスゴまれたらあっという間にお手上げになってしまったことでしょう。恥ずかしいことですよね。20カ国ほどの人口150万以下の国ぐにが核大国の恫喝に全く動じなかったことの意味をかみしめるべきだと思います。

核兵器禁止条約を求める署名は民主主義の証し

そしてまさに核兵器禁止条約とは民主主義の問題なのだということを第66回国連総会第一委員会でドゥアルテ国連軍縮上級代表・事務次長は次のように述べていました(2011年10月)。

「私は、対になった核兵器（禁止）条約を求める署名の山を陳列した『国連軍縮展』の新たな展示のオープニングに出席しました。そこには『平和市長会議』が集めた100万を超える署名が含まれています。もう一つの国際署名もまたそうした条約を支持するもので、日本の団体である原水協がNPT再検討会議に提出したものです。それは700万筆にのぼるものでした。いまや中東だけでなく世界を席巻する民主主義革命に関わる流れです。軍縮にも民主主義が訪れていることの証拠は、私が例に挙げた世界中の市長や議員や市民社会のグループの行動をみれば議論の余地がありません」

現在の国連軍縮担当上級代表は中満泉さんという日本人の女性が担当されているのですが、その3代前の上級代表がまさにこれは軍縮における民主主義なのだと、国連としての公式の立場から明確に発言したわけです。そしてその民主主義の例として私たちが提出した700万筆の署名、これがまさに民主主義の証しなのだと。こういう感覚が、国連にも、そして核兵器禁止条約を締結し発効させた国ぐにの間にも、確実に存在しているのです。

さらに現在のアントニオ・グテーレス国連事務総長の前任者であった潘基文さんも、NGOや市民運動、そして草の根の反核運動が結集したNGO国際平和会議（2015年5月1日）で次のように演説しました。

「核軍縮は緊急に必要なものであり、われわれはそれを達成する決意です。私は、核兵器条約の締結をという考え方へのみなさんの支持を強く歓迎しています。私は全ての国、とくに核保有国に対し、この義務を果たすようよびかけます。『核兵器のない世界』が実現した日、世界はあなた方に感謝するでありましょう」

「あなた方」とは私たちのことです。NGOの会議の場に国連事務総長自らが現れて、「核兵器のない世界」が実現した暁には世界はみなさんに感謝するでありましょう、あなた方に感謝するでありましょうと、こうエールを送るような世界が今、私たちの前に確かに存在している。そして、こうした世界が核兵器禁止条約を生み出したのだということです。

「失敗した核抑止政策に後戻りすることはしません」

核兵器禁止条約を締結する国連会議の議長という「国際社会における名誉ある地位」は、コスタリカの手に委ねられました。コスタリカといえば、日本と並び（日本は憲法を裏切って、戦力ならぬ自衛隊を持っているので、「日本と並び」ではありませんね）、常備軍の廃止を規定する憲法を1949年に制定し、以来、日本のように裏切ることなく非武装憲法を守り抜いています。日本国憲法はその前文で、戦争放棄と戦力放棄を通じて「われらは平和を維持し、専制と隷従、圧迫と偏狭を地上から永遠に除去しようと努めている国際社会において名誉ある地位を占めたいと思ふ」と高らかに宣言しています。しかしこの憲法を公然と裏切っている以上、唯一の戦争被爆国であるにも関わらず、核兵器禁止条約を締結する国連会議の議長という「名誉ある地位」を占めることはとうていできませんでした。

そのコスタリカのエレン・ホワイト軍縮大使を議長に選出して、会議には市民社会を参加させること、全会一致をめざすが、最後は多数決で決めるのだということを、事前の準備会合（2017年2月）において明確に定めた上で、核兵器禁止条約を締結する会議は開催されたのです。

そしてコスタリカのホワイト議長のもとで、日本被団協・藤森俊希事務局次長が会議の冒頭で発言、また日本原水協の土田弥生氏や日本共産党の志位和夫氏も発言の機会を与えられ、採択後の最後のオオトリのスピーチをカナダ在住の被爆者・サーロー節子さんが行うという形で、まさに市民社会の参画のもとで核兵器禁止条約が締結されたのです。この決定プロセス自体がきわめて民主的であり、世界のこれからの在り方を先取りしようとするものであることがわかるでしょう。だからこそ、こういう世界のあり方にロシアが真っ向から牙を剥いてきたのだと思います。ここでサーロー節子さん※の採択後の演説を、彼女の母校である広島女学院大学ホームページから引用紹介しておきましょう。

「各国代表、NGOの仲間たち、親愛なる友人の皆さん、私は、この瞬間を見届けることができるとは、思ってもみませんでした。私は、この条約交渉に知恵と真心のかぎりを尽くしてくださった全ての方の類まれなるお働きと献身に、感謝を捧げたいと思います。

ホワイト議長のリーダーシップ、国連事務局、各国代表、ＮＧＯの皆さんの献身が、核兵器廃絶という目標に、私たちをいよいよ近づけて下さったことに感謝します。

私たちはこの驚くべき成果を祝うために集っているわけですが、ひととき立ち止まって、ヒロシマとナガサキで命を奪われた方々の声に、思いをはせてみましょう。１９４５年8月のあの時と、その後72年の間に亡くなった数十万人の方たちです。亡くなった方々はそれぞれ、名前を持ったひと、でした。誰かに愛されたひとたち、だったのです。

私は70年あまりにわたって、この日を待ち続けてきました。そして、大変うれしいことに、その日がとうとう訪れたのです。今日こそ、核兵器の終わりの始まりです。私たちの多くがそこにいた、２０１４年のメキシコ・ナヤリットでのことを思い起こします。議長はおっしゃいました。『もはや後戻りできないところに至りました』と。

私たちは、失敗した核抑止政策に後戻りすることはしません。私たちは、ひとに必要なものを削って核暴力に投資するようなことへ後戻りいたしません。私たちは、取り返しのつかない環境汚染へと後戻りいたしません。

私たちはこれ以上、未来の世代のいのちをおびやかすようなことはいたしません。

世界中の指導者の皆さん、切にお願いします。もしあなたがこの地球を愛しているなら、どうかこの条約に署名してください。核兵器はこれまでもずっと、道徳に反するものでした。そして今や、法に反するものとなりました。一緒に前に向かって進み、世界を変えていきましょう」

(日本語翻訳　湊 晶子　広島女学院 院長・学長)

※サーロー節子さんは、広島女学院高等女学校2年生の時に爆心地より1・8キロ離れた学徒動員先で被爆しました。1954年に広島女学院大学英文学部英文学科卒業後、米国に留学。その後、結婚を機にカナダ・トロントに移り住み、原爆にまつわるご自身の経験を英語で伝える活動を長年続けてこられました。ICANが2007年に発足した時から行動を共にし、ICANの「顔」として、国際会議や国連での核兵器禁止条約交渉会議で被爆者として体験を語ってこられました。2017年7月7日の国連本部での核兵器禁止条約採択に貢献されました。

「核抑止」というのは「核脅迫」にほかならない

さて、ロシアのウクライナ侵略で、核大国が自らの行動によって「核抑止力」論というものの正体を今までになく明白に示すこととなりました。

「核抑止力」。これについてはもう沖縄のみなさんには、釈迦に説法という感じさえしますが、まさに圧倒的な軍事力で「報復」して徹底的なダメージを与えるぞと「脅迫」し、その「報復」と「脅迫」と「恐怖」で相手を支配しようとする、そういう考え方です。これを「核抑止力」論といいます。そして、そのための圧倒的な軍事力、つまり核兵器以外の何者でもないのですが、そういう軍事力をこそ「抑止力」と呼びます。ところが、この「核抑止力」論というものが今、核兵器禁止条約を生み出した世界によって否定されようとしているのです。

「核抑止」とは「やれるものならやってみい。ただじゃすまさへんで！」と凄むヤクザの論理にほかなりません。そんな「核抑止力」が何故必要だとされるのか。それは「核戦争を抑止するためだ」と、核大国や日本のような核依存国は主張してきました。核兵器による「報復」をちらつかせて「脅迫」すれば、相手は「恐怖」に縛られ核攻撃に打って出ることはできない。だから「核抑止力」とは「核戦争を抑止する」ものなのだ。そういうわけです。

核兵器の使用をちらつかせて相手を「威嚇」することで、「核兵器の使用を抑止する」なんてことが本当に成り立ちうるのでしょうか。ここで何よりも問題なのは、「核抑止力」論とは、あくまでも核兵器を使用することを前提とする議論だということです。「核兵器を使用する」という前提がなければ、核兵器の「使用の威嚇」＝「核脅迫」は、まったく意味をもたないからです。

プーチン大統領は、まさにウクライナ侵略を開始した3日後の2月27日に、「軍の抑止力を特別警戒態勢にすることを命ずる」と公然と表明して、核兵器使用の準備を宣言しました。さらにその後も折に触れて「核抑止力」をちらつかせてきたのです。これはまさに「核脅迫」です。「核抑止」というのは「核脅迫」にほかならないということをこんなに露骨に表明した指導者は初めてです。このあからさまな「核脅迫」によって、世界は核兵器使用の危険に晒されることになりました。まさに世界は核戦争の「恐怖」へと突き落とされることとなったわけです。「核抑止力」を信奉する人びとは、「核抑止」とはあくまでも「報復の威嚇」であって、相手から核攻撃を受けない限り、核兵器が使用されることはないのだと解ったようなことを言うかもしれません。でも、ロシアもアメリカも、そして日本をはじめとする核依存国も、「核兵器の先制不使用宣言」（つまり核攻撃されない限り、核を使用しないと宣言すること）を決して行なおうとはしません。それどころか、２０１６年に現職のアメリカ大統領としてはじめて広島を訪れたバラク・オバマさんが核兵器先制不使用宣言を行うことを検討しようとした時、「抑止力」が低減することを理由にオバマさんの足にすがりつくようにして止めたのが、唯一の戦争被爆国である日本の政府だったという悲しい事実すらあるのです。

プーチン大統領の「核脅迫」は、核兵器の先制不使用を前提にしたものではありません。世界はプーチンがいつ核兵器の先制使用に踏み切るかと戦々恐々とすることになったのです。つまり、「核抑止力」は「核戦争を抑止する」どころか、むしろ「核兵器の先制使用によって核戦争を引き起こす」ことにこそ繋がっているのです。こうした「核抑止力」の危険性が、プーチンの露骨な「核脅迫」によって、白日の下に晒されたのです。

他方では、「核抑止力」は「戦争そのものが起こることを抑止する」のだという議論も存在します。これについては、1987年に核大国であるアメリカとソ連（当時）が「中距離核戦力（ＩＮＦ）全廃条約」を締結した際、イギリスのサッチャー首相（当時）が「我々が望むものは『核兵器のない世界』などではなく、『戦争のない世界』なのだ」と公然と述べて反発したことが思い起こされます。「核兵器をなくしたら戦争になるぞ！」というわけです。「核兵器」はその「使用の威嚇」＝「脅迫」によって「戦争を抑止する」ためにこそ必要だ。こうした荒唐無稽な議論こそが、「核抑止力」論なのであり、それは核大国が核兵器を保有し続けることを正当化するほぼ唯一の理由だったわけです。

「核抑止力」こそが「戦争を抑止する」のだという議論の荒唐無稽さも、今回のプーチン大統領の蛮行によって、誰の眼から見ても明らかになりました。今まさにプーチンがしているように、「核兵器の使用の威嚇」＝「核脅迫」は、「戦争を抑止するため」どころか、「核兵器」を振りかざしながら他国に侵略し、蹂躙するためにこそ用いられているのです。核兵器は「戦争を抑止する」どころか、「戦争を引き起こすため」にこそ存在するのだということが、これほど露骨に示されたことはありません。

核兵器禁止条約を生み出した「世界の不可逆な四つの流れ」に追い詰められた核大国が、「核抑止力」なるものの正体を自らの手で暴露してしまったということなのでしょう。

核兵器は、その「使用の威嚇」＝「脅迫」によって、「核戦争を抑止する」ためにあるのだとか、あるいは「戦争そのものを抑止する」ためにあるのだというような議論は、もはや成り立つ余地はないのです。プーチンの露骨な「核脅迫」は、核兵器禁止条約を生み出した世界に真っ向から挑戦することで、「核抑止力」論の正体を誰の目から見ても明らかな形で露呈させてしまったわけです※。

※核兵器禁止条約第1回締約国会議の「ウィーン宣言」は、次のように「核抑止力」について述べて批判しています。「核抑止論は、核兵器が実際に使用されるという脅威、すなわち無数の生命、社会、国家を破壊し、地球規模の破滅的な結果をもたらす危険性に基づいており、その誤りをこれまで以上に浮き彫りにしている」。そして、2022年8月6日に原水爆禁止2022年世界大会ヒロシマデー集会で採択された「広島宣言」は、この「ウィーン宣言」を受けながら、次のように「核抑止力」論を厳しく批判しました。「核大国のロシアが自国の犠牲をかえりみず、『核部隊に特別警戒態勢』を命じるなど核兵器による威嚇を公然とおこなったことは、核兵器が『核使用を抑止する』という『核抑止力』論が、もはや成り立たないことを示した。『核抑止力』なるものが、核の威嚇のもとに他国を侵略し、支配するための手段であることも明白となった。『核抑止力』は核兵器を使用して、無数の人びとの命を奪い、都市と環境を破壊し、破滅的な結末をもたらすことを前提としたものである。人類を破滅のふちに追いやる元凶である『核抑止力』論をいまこそのりこえるときである」

プーチンと同じ側に立つ敵基地攻撃能力論

そしてこのような時に、日本で議論されているのが「敵の中枢をせん滅する打撃力としての敵基地攻撃能力」です。これはもう本当にデタラメです。敵の基地だけではなくその中枢を叩く、せん滅すると言っている。日本も「敵の中枢をせん滅する敵基地攻撃能力」を持たなければならない。「敵地攻撃能力改め反撃能力」と言っていますが、これが「抑止力」論そのものだということを私たちは見ておく必要があると思います。

だからこそ、「敵基地攻撃能力」論は、「核共有」とセットになって出てくるわけです。要するに、「敵基地攻撃能力」を保有することの必要性を喧（かまびす）しく主張する人びとは、「核共有」論とセットにして、日本も「核抑止力」を持ちたいと言っているに過ぎないわけです。そこにこそ本音がある。つまりは、プーチンのように「核抑止力」を振りかざして他国を侵略したいのです。戦争がしたいのです。プーチンが羨ましくてしょうがないのでしょう。

「自衛力」・「防衛力」の問題と「抑止力」の問題は、明確に区別して論じなければなりません。残念ながら日本では政治家も官僚も、そしてマスメディアも、この区別をつけることがありません。むしろワザと混同し、国民をミスリードしようとしているのではないかと思えてなりません。「敵基地攻撃能力」をめぐる議論はその典型です。「敵基地攻撃能力」は、決して「自衛力」や「防衛力」の問題ではありません。「抑止力」の問題なのです。騙されてはいけません。「自衛力」というのは前線のところ、つまり水際で阻止するための戦力です。でも「抑止力」だというのはそうではなくて、相手の中枢を叩き潰す、せん滅する。これこそが「抑止力」だということです。プーチンがまさに「抑止力」をちらつかせながらウクライナを侵略している時に、何を思ったか日本も「抑止力」を持ちたいというのです。本当に許し難い行為であり、考え方です。それは結局、プーチンと同じ側に立つということに他なりません。こういうことを一つひとつ解き明かしていくことが、これから大事になっていくと思います。

「抑止力」に一番ふさわしいものは何よりも核兵器です。それをお互いが持てば軍拡競争が激化することになるし、そして「抑止力」と「抑止力」で睨み合えば一触即発の緊張をもたら

「抑止力」とは何か？①
□「もし攻撃を仕掛けてきたら、圧倒的な軍事力で報復して、徹底的なダメージを与えるぞ！」と脅迫し、敵の攻撃を「抑止」しようとすること
□「報復」「脅迫」「恐怖」で相手を支配しようとする考え方を「抑止力」論という
□そのための圧倒的な軍事力こそが「抑止力」
抑止力

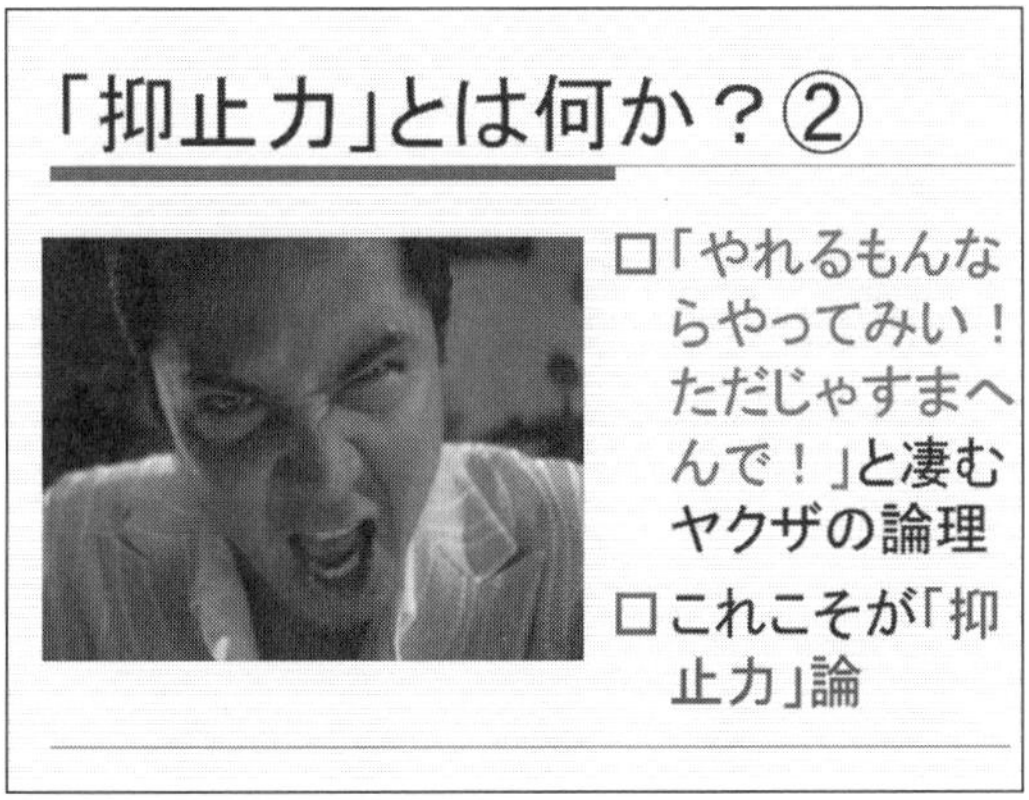
「抑止力」とは何か？②
□「やれるもんならやってみい！ただじゃすまへんで！」と凄むヤクザの論理
□これこそが「抑止力」論

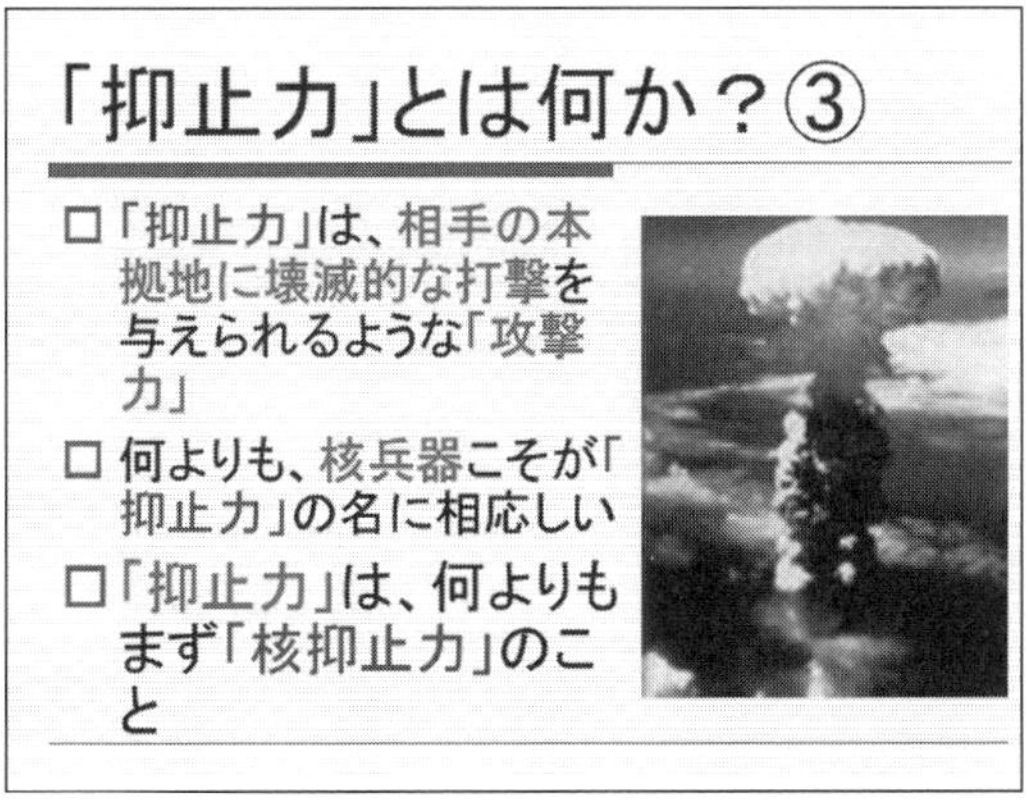
「抑止力」とは何か？③
□「抑止力」は、相手の本拠地に壊滅的な打撃を与えられるような「攻撃力」
□何よりも、核兵器こそが「抑止力」の名に相応しい
□「抑止力」は、何よりもまず「核抑止力」のこと

すことになります。そして相手よりも強い「抑止力」を持ってしまうと先に使いたくなる。結局、先制攻撃をしたくなるのです。先にもお話したように、今のプーチンもまさにそうです。「核兵器の先制使用を辞さないぞ」と核兵器の「使用の威嚇」＝「核脅迫」しているわけです。そういう「抑止力」というものの本質を今、プーチンという人が本当にわかりやすく示してくれている。そんな中でまさに今、「敵基地攻撃能力」という名目で「抑止力」の問題を突きつけられているのが日本国民であり、とりわけ沖縄のみなさんだということになります。これをしっかりと打ち破っていく。そういうたたかいを共に展開していくことが必要になっているのだと思います。

「抑止力」は
軍拡競争を激化させる
□「抑止力」には、「抑止力」を
□ たとえば、北朝鮮の「核」は、アメリカの「抑止力」に対する「抑止力」
□「10のX倍」の論理
□ 圧倒的な軍事的優位こそが「抑止」を保証するという幻想
□ 際限のない軍拡競争へ
□ 米ソ冷戦の帰結は…
□「相互確証破壊」（MAD）

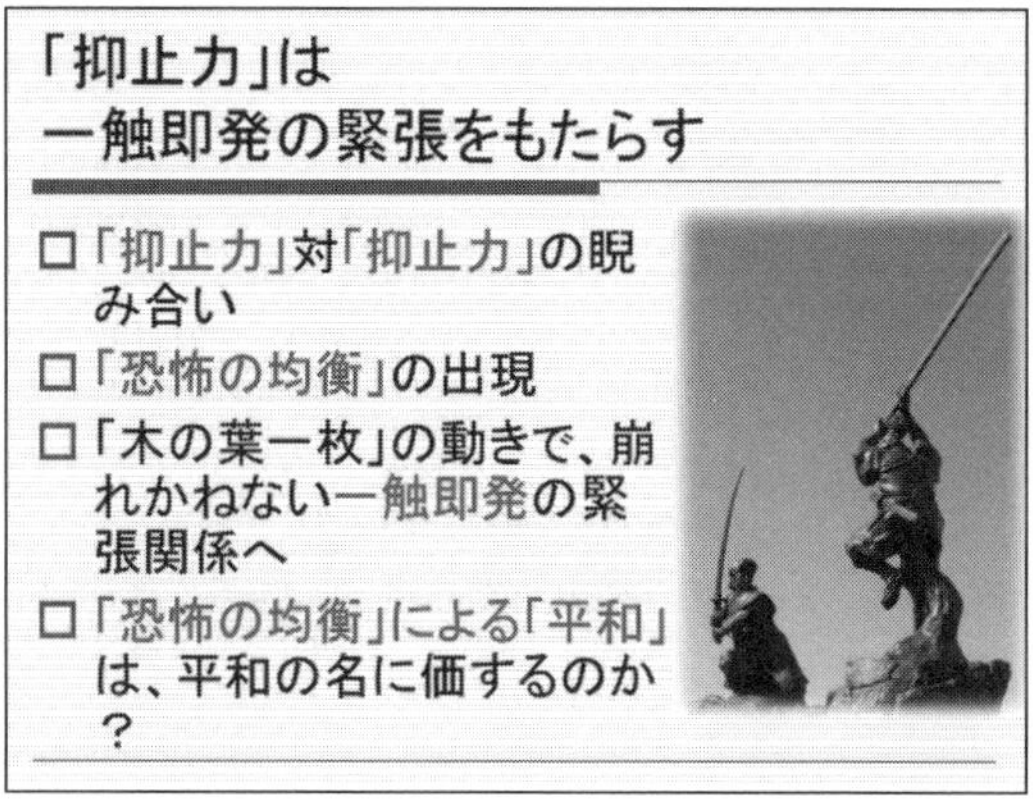
「抑止力」は
一触即発の緊張をもたらす
□「抑止力」対「抑止力」の睨み合い
□「恐怖の均衡」の出現
□「木の葉一枚」の動きで、崩れかねない一触即発の緊張関係へ
□「恐怖の均衡」による「平和」は、平和の名に価するのか？

「核抑止力」に対する最大の批判とは

こうした「核抑止力」とい

うものに対する最も有効な批判とは何でしょうか。それは、「抑止力」の名のもとにこんな非人道的な兵器を使って良いのかという、非人道性の立場からの批判です。これが決定打となって核兵器禁止条約が生まれました。結局、「核抑止力」というものに正面から対峙できるものは、「人間の尊厳」以外にはないわけです。被爆者のみなさんが、「原爆は、人間として死ぬことも、人間らしく生きることも許しません」（『原爆被害者の基本要求』、１９８４年）と訴えてこられたように、まさに核兵器は「人間の尊厳」を根底から奪い、根底から覆す、だからこそ許せない。こういう非人道性に基づく核兵器への告発。これが世界を動かして核兵器禁止条約という歴史的達成をもたらしたのだということを改めて確認しなくてはなりません。私たちは、あくまでも「人間の尊厳」、「個人の尊厳」、それを何がなんでも守り抜くという立場に立つ。そのことこそが必要なのだとあらためて思います。

被爆者のみなさんの声がようやく世界に届いて、16カ国の声明という形で国際社会において真正面から取り上げられてから、わずか5年で核兵器禁止条約が採択されました。そしてその後のスピードも早かった。被爆者のみなさんが核兵器とは非人道的兵器の極みなのだと告発し、「原爆は、人間として死ぬことも、人間らしく生きることも許しません」と、そういう兵器だったのだということの告発が届くまでには、60年という非常に長い時間がかかりました。でもその声がようやく国際社会へと届き、真正面から受け止められたその時から世界は急速に動きだしたのです。16カ国声明からわずか5年で核兵器禁止条約を実現した。そして発効にはさらに5年。つまり10年で核兵器禁止条約が発効したことになるわけです。

「核兵器使用から逃れる唯一の方法は、それを廃絶すること」

潘基文国連事務総長は2010年7月の「平和市長会議」へのメッセージで、「軍縮・廃絶は夢だと片付けられることが多いが、核兵器が安全を保障するとか、一国の地位や威信を高めるとかいった主張こそが幻想だ。（中略）明確にしよう、安全を保障し、核兵器の使用から逃れる唯一の方法は、それを廃絶することだ」と述べ、「核抑止力」とは幻想に過ぎないのだと明言しました。

原爆は、人間として死ぬことも、人間らしく生きることも許しません。
□「原爆被害者の基本要求」（1984年）より
□ 原爆は、人間として死ぬことも、人間らしく生きることも許しません。核兵器はもともと、「絶滅」だけを目的とした狂気の兵器です。人間として認めることのできない絶対悪の兵器なのです。
□ 人間の尊厳・個人の尊厳

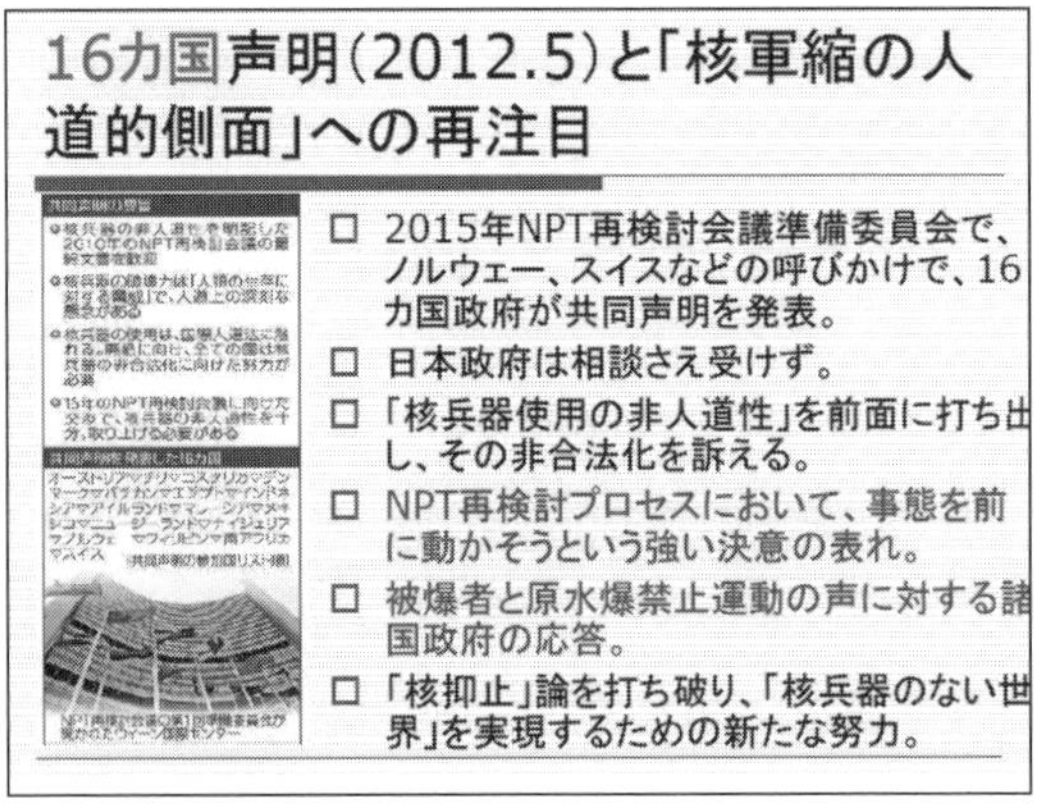
16カ国声明（2012.5）と「核軍縮の人道的側面」への再注目
□ 2015年NPT再検討会議準備委員会で、ノルウェー、スイスなどの呼びかけで、16カ国政府が共同声明を発表。
□ 日本政府は相談さえ受けず。
□「核兵器使用の非人道性」を前面に打ち出し、その非合法化を訴える。
□ NPT再検討プロセスにおいて、事態を前に動かそうという強い決意の表れ。
□ 被爆者と原水爆禁止運動の声に対する諸国政府の応答。
□「核抑止」論を打ち破り、「核兵器のない世界」を実現するための新たな努力。

またローマ教皇フランシスコも、「核兵器は、今日の国際的また国家の、安全保障への脅威から私たちを守ってくれるものではない、そう心に刻んでください」「人道的および環境の観点から、核兵器の使用がもたらす壊滅的な破壊を考えなくてはなりません」（2019年11月、広島）と世界に向けて語りかけました。このようにまさに今、「人間の尊厳」という立場から、そして非人道性を告発する立場から核兵器と「核抑止力」を追い詰めようとしているのです。

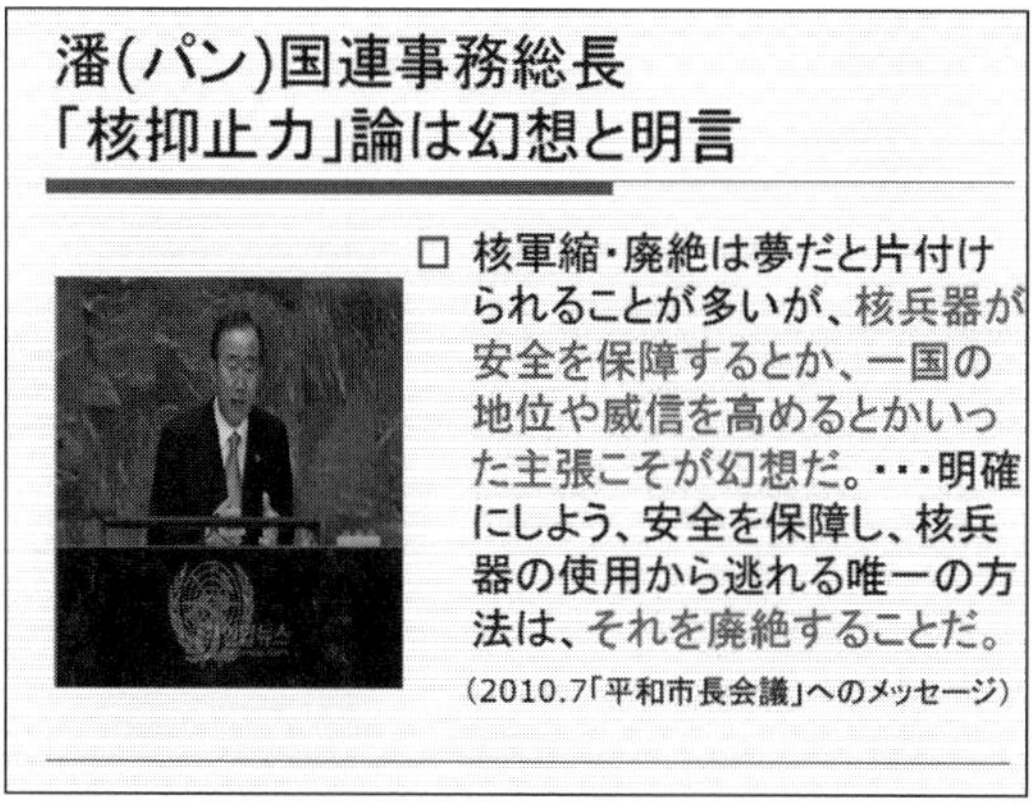
潘(パン)国連事務総長
「核抑止力」論は幻想と明言
□ 核軍縮・廃絶は夢だと片付けられることが多いが、核兵器が安全を保障するとか、一国の地位や威信を高めるとかいった主張こそが幻想だ。・・・明確にしよう、安全を保障し、核兵器の使用から逃れる唯一の方法は、それを廃絶することだ。
（2010.7「平和市長会議」へのメッセージ）

ローマ教皇フランシスコ
長崎・広島へ（2019.11）
□ カトリック教会としては、人々と国家間の平和の実現に向けて不退転の決意を固めています。それは、神に対し、そしてこの地上のあらゆる人に対する責務なのです。
□ 核兵器禁止条約を含め、核軍縮と核不拡散に関する主要な国際的法原則にのっとり、飽くことなく、迅速に行動し、訴えていくことでしょう。
□ 核兵器のない世界が可能であり必要不可欠であるという確信をもって、政治をつかさどる指導者の皆さんに求めます。核兵器は、今日の国際的また国家の、安全保障への脅威から私たちを守ってくれるものではない、そう心に刻んでください。
□ 人道的および環境の観点から、核兵器の使用がもたらす壊滅的な破壊を考えなくてはなりません。核の理論によって促される、恐れ、不信、敵意の増幅を止めなければなりません。

ところがロシアは、ウクライナにおいてまさに非人道性の限りを尽くしている。マリウポリでもブチャでもすさまじい戦争犯罪をくり広げながら「人間の尊厳」を踏みにじり、非人道的な戦争犯罪をくり返している。「人道に対する罪」を犯している。それをちゃんと見ていく必要があります。

世界が日本国憲法の立場に追いついてきた

それは、ようやく世界が日本国憲法の立場に追いついてきたということにもなるのではないかと思います。私は日本国憲法の前文の「われらは、全世界の国民が、ひとしく恐怖と欠乏から免かれ、平和のうちに生存する権利を有することを確認する」の部分、つまり「平和的生存権」の規定。これが一番大事だと思っています。

とりわけ「核抑止力」論との関係では、「恐怖から免れ」という点が重要です。核兵器の「使用の威嚇」によって、つまり「報復」「脅迫」「恐怖」によって相手を支配しようとする「核抑止」=「核脅迫」による平和など、日本国憲法の前文が求める「平和」ではない。「核抑止力」論など、「恐怖と欠乏から免れ、平和のうちに生存する権利」=「平和的生存権」の前では成り立つ余地はないのです。

1947年に、アメリカとソ連による「核抑止力」対「核抑止力」の対峙が本格化する以前に施行された日本国憲法がいかに先駆的なものであったのか。世界が「不可逆な四つの流れ」によって、「核抑止力」を否定し、核兵器禁止条約を手にした今日、日本国憲法の「平和的生存権」の理念はますます輝きを増しているといわねばなりません。

そしてこの「平和的生存権」を保障するために、憲法第9条の戦争放棄、戦力放棄の定めがあり、憲法第25条の「健康で文化的な最低限の生活を保障する」という生存権の規定があり、何よりもその第9条と第25条を下から支える「個人の尊厳」、「人間の尊厳」を規定した日本国憲法第13条があるのだと思っています。

この4点セット、前文、9条、25条、13条。このすべてが今の自民党の改憲案の中で否定されようとしているのです。彼らはもちろん第9条を最大のターゲットにしていますが、いったい何を否定しようとしているのでしょうか。それはまさにこの「平和的生存権」であり、第9条であり、第25条であり、さらにそれを支える「人間の尊厳」、「個人の尊厳」を定めた第13条です。私たちが最もベースにすべき価値、それがどこにあるのか。それが命の尊厳であり、「人間の尊厳」であり、「個人の尊厳」であるということをその中で再確認していくべきだと思います。今まさに世界は日本国

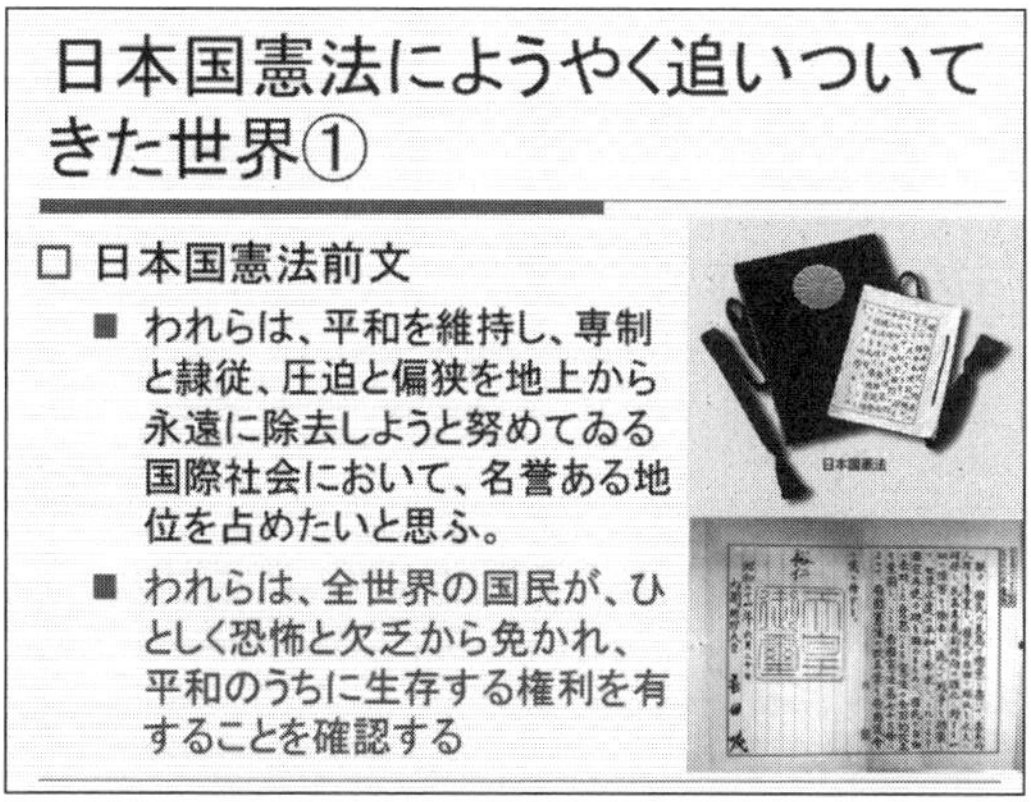
日本国憲法にようやく追いついてきた世界①
□ 日本国憲法前文
■ われらは、平和を維持し、専制と隷従、圧迫と偏狭を地上から永遠に除去しようと努めてゐる国際社会において、名誉ある地位を占めたいと思ふ。
■ われらは、全世界の国民が、ひとしく恐怖と欠乏から免かれ、平和のうちに生存する権利を有することを確認する
日本国憲法

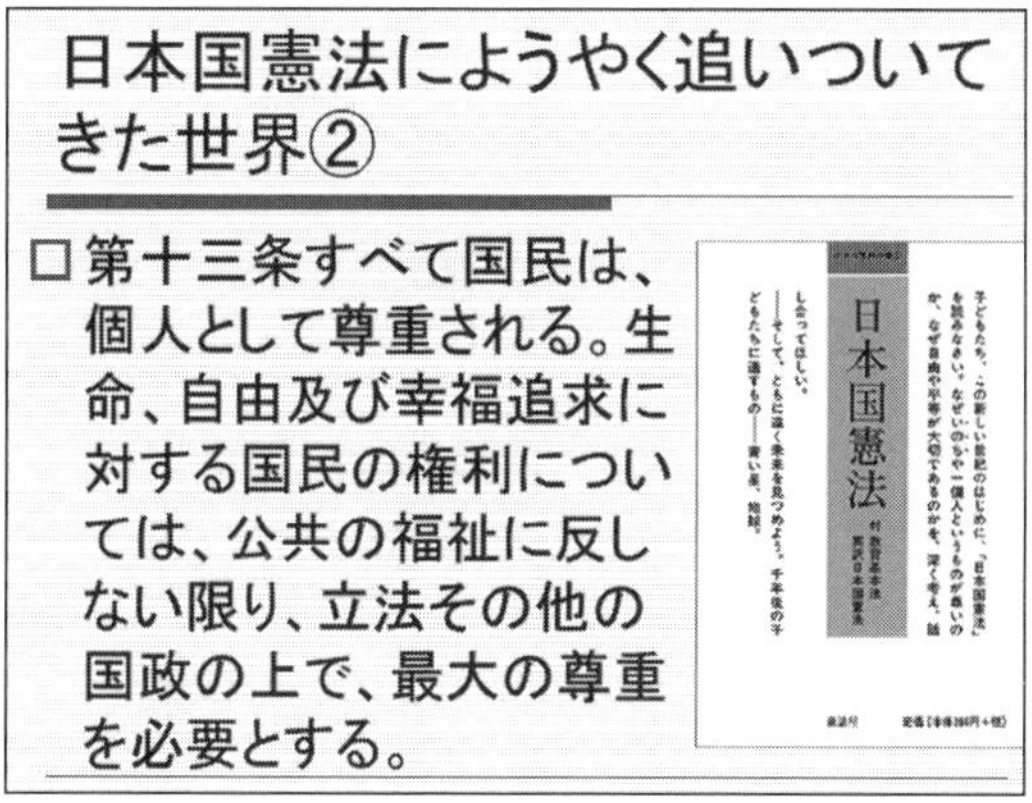
日本国憲法にようやく追いついてきた世界②
□ 第十三条すべて国民は、個人として尊重される。生命、自由及び幸福追求に対する国民の権利については、公共の福祉に反しない限り、立法その他の国政の上で、最大の尊重を必要とする。
日本国憲法

憲法に追いつこうとしている。その輝きをもった日本国憲法はもっともっと活かされるべきであって、それを日本人自らの手で葬り去るなんてことは絶対あり得ないことです。それを私たち自身、しっかりと肝に命じておきたいと思います。

パンデミックと核兵器禁止条約の発効

世界が直面している新型コロナ感染症のパンデミック。これは今、核兵器禁止条約を生み出した「世界の流れ」を前へと押し進めています。決して逆戻りさせるのではなくて、むしろこの「不可逆の流れ」を加速させてきたわけです。だからこそ、このパンデミックの中で核兵器禁止条約が発効した。これは決して偶然でもなんでもないわけです。

それはなぜかということについて中満泉・国連軍縮担当上級代表はオンラインで開催することを余儀なくされた原水爆禁止世界大会inＮＹ（２０２０年４月）におけるビデオ発言で次のように述べています。

「パンデミックによって、これまで想像もしなかったような破滅的状況が引き起こされる可能性が生まれています。このグローバルな危機は、国境で防ぐことはできず、そのため集団的な対応が必要です。しかし私は、このパンデミックが、一方で社会や組織や個人など私たち全員を団結させる可能性を生み出すことを期待しています。この危機を通じて連帯を築く中で、私たちは固定化した分断を乗り越え、困難であっても必要なその他の課題の解決にもとりくまなければなりません。とりわけ、緊急の目標である核兵器の廃絶において」

このパンデミックを乗り越えるために、今、世界が共同し、団結しているその力、連帯の力、共同の力。これが核兵器の禁止と廃絶、そして気候危機からの脱却、そういったことに必ず繋がって活きていく。だから今本当に力を合わせてこのパンデミックに共同して取り組んでいこ

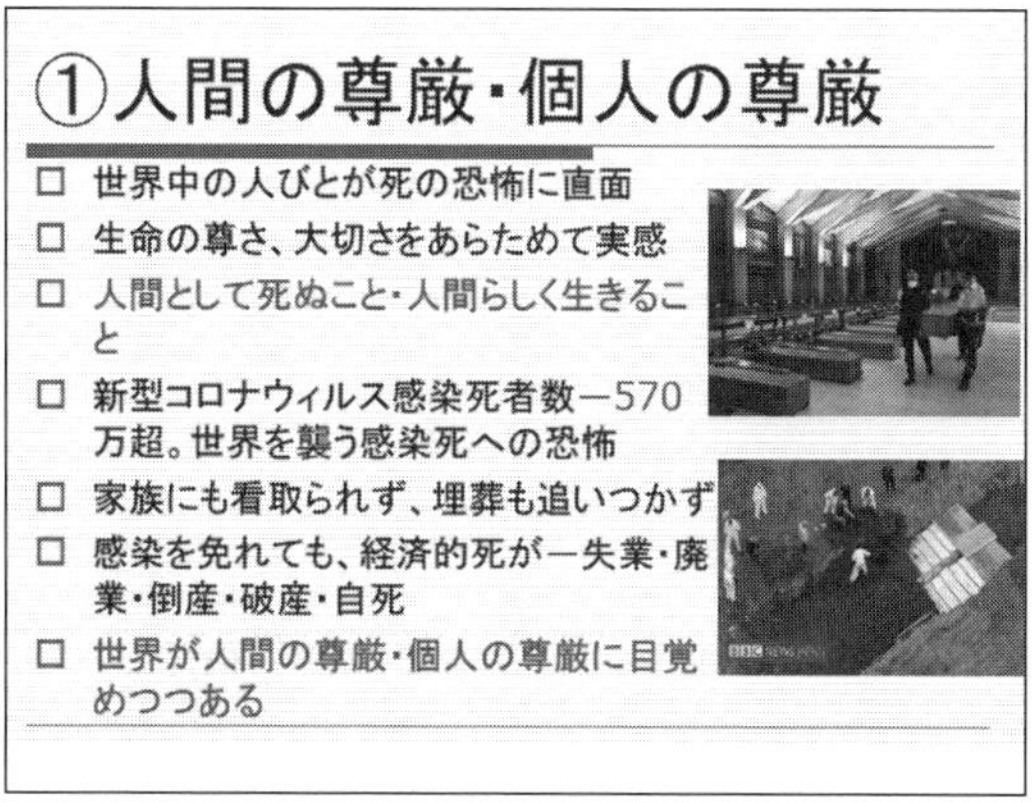
①人間の尊厳・個人の尊厳
□ 世界中の人びとが死の恐怖に直面
□ 生命の尊さ、大切さをあらためて実感
□ 人間として死ぬこと・人間らしく生きること
□ 新型コロナウィルス感染死者数—570万超。世界を襲う感染死への恐怖
□ 家族にも看取られず、埋葬も追いつかず
□ 感染を免れても、経済的死が—失業・廃業・倒産・破産・自死
□ 世界が人間の尊厳・個人の尊厳に目覚めつつある

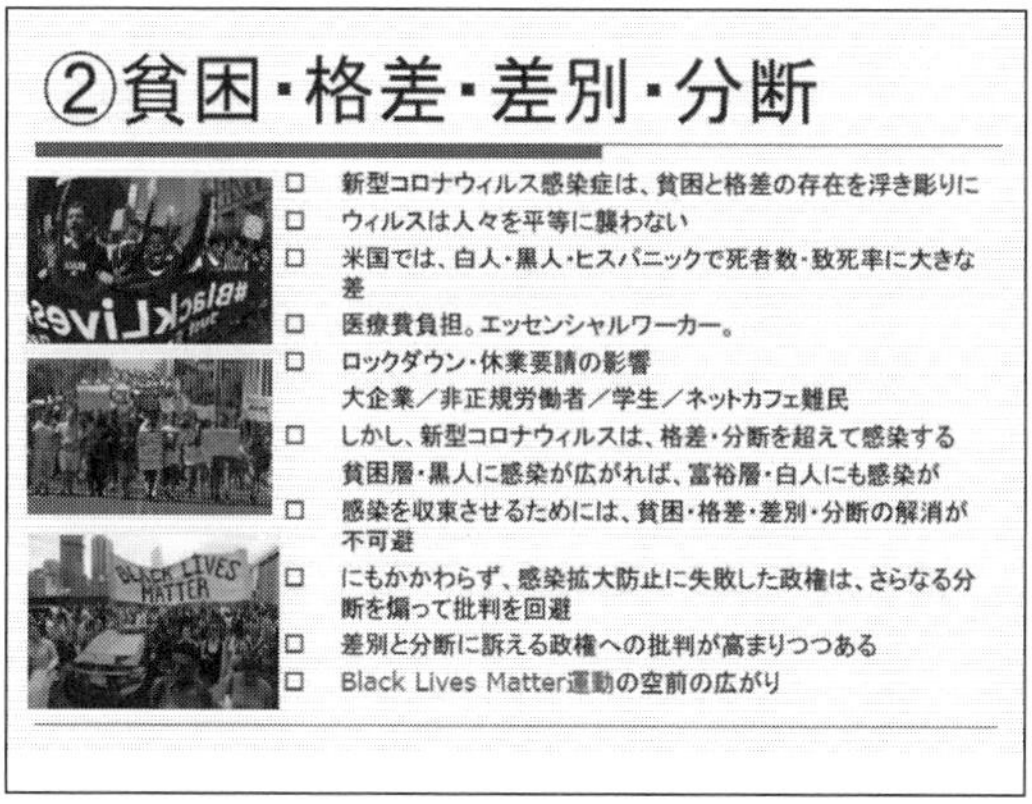
②貧困・格差・差別・分断
□ 新型コロナウィルス感染症は、貧困と格差の存在を浮き彫りに
□ ウィルスは人々を平等に襲わない
□ 米国では、白人・黒人・ヒスパニックで死者数・致死率に大きな差
□ 医療費負担。エッセンシャルワーカー。
□ ロックダウン・休業要請の影響
大企業／非正規労働者／学生／ネットカフェ難民
□ しかし、新型コロナウィルスは、格差・分断を超えて感染する
貧困層・黒人に感染が広がれば、富裕層・白人にも感染が
□ 感染を収束させるためには、貧困・格差・差別・分断の解消が不可避
□ にもかかわらず、感染拡大防止に失敗した政権は、さらなる分断を煽って批判を回避
□ 差別と分断に訴える政権への批判が高まりつつある
□ Black Lives Matter運動の空前の広がり
BLACK LIVES MATTER

③新自由主義・緊縮政策
□ 新自由主義・緊縮政策による医療体制の脆弱化→医療崩壊と爆発的感染
□ イタリア・スペイン⇔ドイツ
□ 反緊縮を推し進める政府の支持が高まる→スペイン・韓国
□ 日本の医療体制の脆弱さの露呈→感染者1万余で医療崩壊の瀬戸際に
□ 維新政治による大阪の医療体制の脆弱化も露呈→大阪モデルの虚像
□ 英ジョンソン首相—「市場ではなく社会が必要だ」
□ 市場・緊縮ではなく再分配・反緊縮だけが問題を解決する
8,785
4,360
12,232
9,278
合計217人
事務職 77人
研究職 140人
合計148人
事務職 36人
研究職 112人
2007年
2019年

う。こういう呼びかけです。この呼びかけの意味をあらためて確認したいと思います。

現在まででコロナの犠牲者は世界で約５７０万人です（２０２２年9月時点では６５０万人を超えています）。わずか2年半の間に６００万もの人の命が奪われたのは第2次世界大戦以来のことです。世界大戦に匹敵するような命が奪われている中で、みんなが人間の命の大切さ、「個人の尊厳」、「人間の尊厳」を痛切に感じざるを得ないということ。しかも、その大事な命が決して平等ではないということが問題です。

④自国中心主義
□ 新型コロナ感染症は、国境を越えて広がる
□ 自国だけが感染を収束させたとしても、他国の感染が収束しない限り第2波は不可避
□ 先進諸国の感染が収束したかに見えても、途上国の感染拡大がいずれ先進国に及ぶ
□ 国際協調だけが人類共通の危機を克服する道
□ 米トランプ政権の中国攻撃。アメリカ・ブラジルのWHO離脱
□ 自国の感染拡大への不満・不安を外敵に転嫁
□ 日本政府の韓国モデル（検査と隔離）の否認。不毛な日本モデル追求（検査拒否）
□ 自国中心主義がウィルスへの人類共同の戦いの障害だという認識の広がり

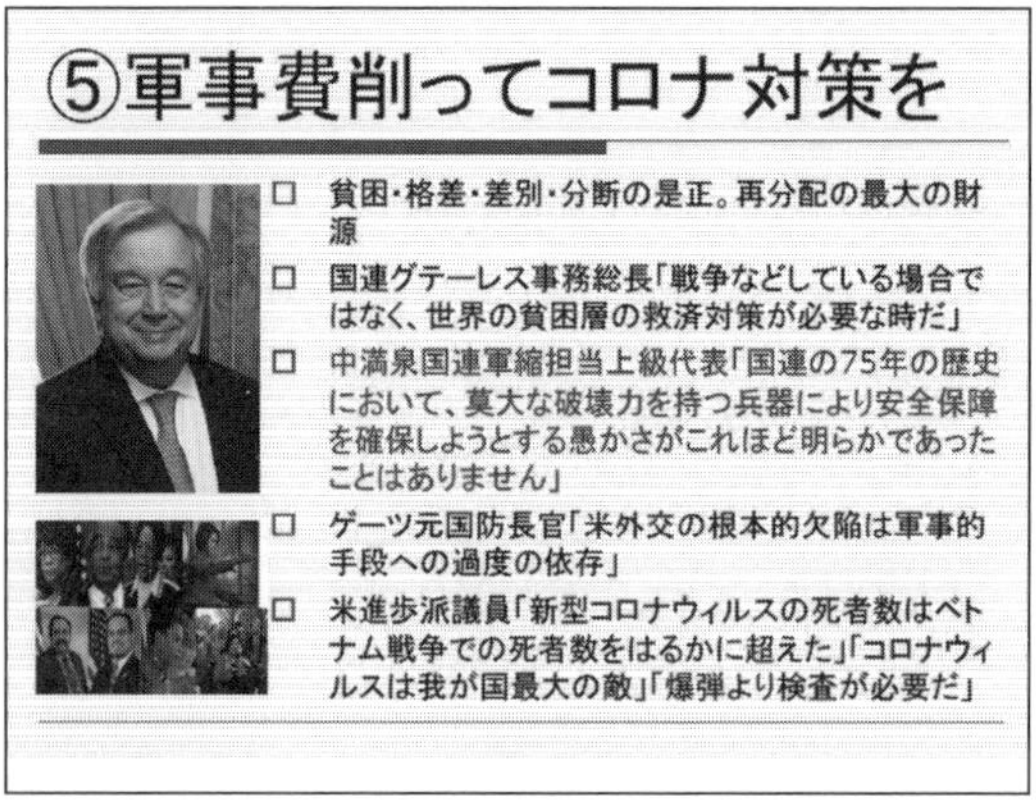
⑤軍事費削ってコロナ対策を
□ 貧困・格差・差別・分断の是正。再分配の最大の財源
□ 国連グテーレス事務総長「戦争などしている場合ではなく、世界の貧困層の救済対策が必要な時だ」
□ 中満泉国連軍縮担当上級代表「国連の75年の歴史において、莫大な破壊力を持つ兵器により安全保障を確保しようとする愚かさがこれほど明らかであったことはありません」
□ ゲーツ元国防長官「米外交の根本的欠陥は軍事的手段への過度の依存」
□ 米進歩派議員「新型コロナウィルスの死者数はベトナム戦争での死者数をはるかに超えた」「コロナウィルスは我が国最大の敵」「爆弾より検査が必要だ」

アメリカで言えば、Black Lives Matter（黒人の命も大切）の運動が燎原の火のように広がり、その下で行われた大統領選挙でのトランプ大統領の敗北がもたらされた背景には、黒人と白人の死亡率があまりにも違いすぎるという現実があった。日本で言えばこのコロナ禍の中で、女性の自殺者が劇的に増えている。これも日本社会の歪み、格差と貧困、そしてジェンダーの不平等という深刻な歪みを反映しているわけです。コロナに感染して命を奪われなくても、時短営業とか営業自粛とか、そういったことで最も深刻なダメージを受けて自死へと追いやられているのが女性たちなのだということです。飲食業の非正規雇用やアルバイト、そこでダブルワークやトリプルワークをしながら働いているシングルマザーを中心とした女性たちが、いの一番に最もひどく経済的に追い詰められて、そして自ら命を絶っていっている。こうした厳然たる事実が私たちには突きつけられているのです。

そして大阪などでとりわけ深刻な医療崩壊をもたらしている新自由主義の問題。コロナの前で命の重さの不平等をもたらしている貧困と格差の元凶が新自由主義経済であることはいうまでもありませんが、同時に「官から民へ」のスローガンの下、医療体制を決定的に脆弱化させ、それがコロナ禍という危機状況の中で露呈して、絶望的な医療崩壊がもたらされた。そのことは冒頭でも触れた通りです。

さらにアメリカのトランプ大統領やブラジルのボルソナロ大統領、そしてイギリスのボリス・ジョンソン首相といったようなとんでもない自国中心主義とマッチョイズム。これはジェンダーの問題にも関わりますが、彼らは自国の感染状況を非常に絶望的なものへと悪化させました。これに対して、台湾の蔡英文総統、ドイツのメルケル首相、ニュージーランドのアーダーン首相、フィンランドのマリン首相などの女性指導者が、そのしなやかな強さと国民に対して真摯に説明責任を果たす姿勢によって、見事にコロナ感染を封じ込めることに成功したことはまさに対照的といって良いものだったと思います。

トランプやボルソナロの自国第一主義やマッチョイムズによる「力への崇拝」は、軍事第一主義や軍拡政策に結びつきます。このコロナ禍のもとでも世界では、年間約2兆ドル（200兆円）もの軍事費が浪費され続けていたのです。

中満泉・国連軍縮担当上級代表は、国連のホームページに掲載された公式メッセージで、「国連の75年の歴史において、莫大な破壊力を持つ兵器により安全保障を確保しようとする愚かさがこれほど明らかであったことはありません」（「国連軍縮部は活発な取り組みを続けています—COVID－19パンデミックの軍縮の仕事への影響」、2020年4月28日）と述べています。「莫大な破壊力を持つ兵器により安全保障を確保する」というのは「核抑止力」論の考え方に他なりません。「核抑止力」とまではいかなくても、日本をはじめほとんどの国ぐにが採っている「国家安全保障」という考え方にほかなりません。それを中満さんは「愚かだ」と言い切っているわけです。こんな発言をして、中満さんは大丈夫なのかなと心配になったほどです。でも、こういう発言を国連の事務次長・軍縮担当上級代表が公然と発信しなければならないような、そういう状況だったわけです。まさにそうです。コロナ禍で600万もの尊い人命が奪われているまさにその時に、軍拡に年間2兆ドルものお金が使われている。軍事費に浪費されている。それがいかにアホらしいことか。そのお金のほんの一部でも医療のために、国民の生活を維持するために使うことができたら、どれだけの失われなくてもよい命が救われるというのか。このことが誰の目からも明らかになっているのです。そんな時に日本では、軍事費をGDP比1%から2%に引き上げるとか、「敵基地攻撃能力」を持つとか、「核共有」をするとか、もう本当にアホとしか言いようのないことが進行しているわけです。まさにこの世界が、このパンデミックの中で何を学びつつあり、多くの人びとが何に気づき、何に目覚めようとしているのか。そしてそれに対して誰が挑戦をしているのか。そういうことをしっかり見極めていくことが必要なのだと言えるでしょう。

「核の傘」の下にある核兵器依存国でも変化の兆し

世界はこうした中で、確実に変化を始めています。2020年1月、スペインでは実に84年ぶりに共産党員2人が入閣する連立政権が発足しました。それはスペイン人民戦線以来のことで、ウニダス・ポデモスが連立政権に参加することで実現しました。ポデモスは日本で言えば、SEALDsです。日本のSEALDsは解散しましたが、ポデモスは政党になり、そのポデモスを核としてウニダス・ポデモスという政党連合ができました。日本で言えば市民連合、あるいは市民と野党の共闘です。このウニダス・ポデモスにはスペイン共産党も加わり、そのウニダス・ポデモスが社会労働党との連立政権に加わった。その結果、ウニダス・ポデモスの一員として共産党員が入閣をするという実に84年ぶりの快挙が実現したのです。

つづいて２０２０年10月には、ベルギーにおける7党連立政権が成立。首都ブリュッセルにＮＡＴＯ本部を置き、アメリカと「核共有」するベルギーで、核兵器禁止条約に前向きな姿勢を打ち出した政権が生まれたことは世界を驚かせました。

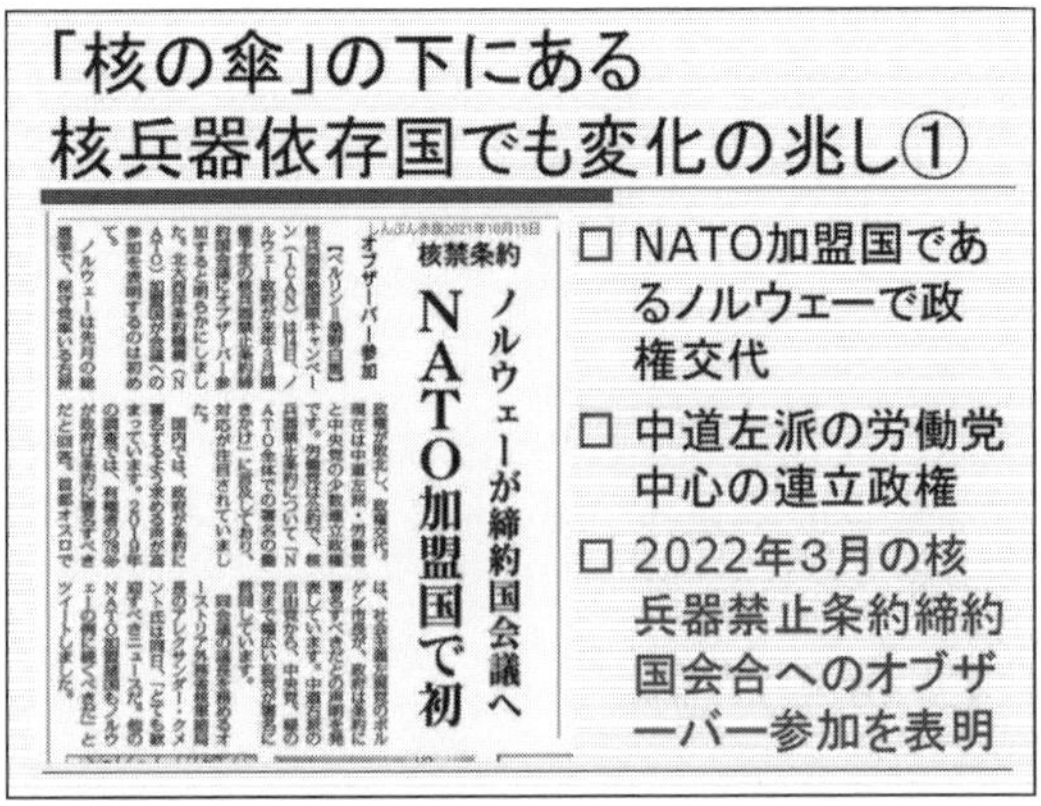
「核の傘」の下にある
核兵器依存国でも変化の兆し①
核禁条約
ノルウェーが締約国会議へ
NATO加盟国で初
□ NATO加盟国であるノルウェーで政権交代
□ 中道左派の労働党中心の連立政権
□ 2022年3月の核兵器禁止条約締約国会合へのオブザーバー参加を表明

「核の傘」の下にある
核兵器依存国でも変化の兆し②
□ ドイツで政権交代
□ 社会民主党・緑の党・自由民主党の連立協定
□「私たちの目標は核兵器なき世界、核兵器なきドイツを実現すること」
□ 核兵器禁止条約締約国会合にオブザーバ参加
□ 核軍縮に主導的役割果たす
独新政権、核禁会議参加へ
「核の傘」依存 日本に影響も

また同じくＮＡＴＯ加盟国であるノルウェーでも核兵器禁止条約に前向きな政府が誕生。そしてドイツでも社会民主党と緑の党、そして自由民主党の連立政権によって政権交代が実現し、その後を追っています。ドイツの新政権は「私たちの目標は、核兵器なき世界、核兵器なきドイツを実現すること」であるとし、核兵器禁止条約にオブザーバー参加し、核軍縮に主導的役割を果たすことを政権合意のなかで謳（うた）っているのです※。

さらに加えて2022年5月に、NATOには加盟していないもののアメリカと軍事同盟（ANZUS条約）を結んでいるオーストラリアでも核兵器禁止条約に前向きな政権が誕生するだろうと言われています（5月21日に行われたオーストラリア総選挙で労働党が勝利をおさめ、9年ぶりの政権交代が実現しました）。

※2022年6月21日から23日の日程で開催された核兵器禁止条約第1回締約国会議には、アメリカとの軍事同盟に加わっているベルギー、オランダ、ノルウェー、ドイツ、オーストラリアの5カ国がオブザーバー参加を果たしました。唯一の戦争被爆国である日本の姿勢があらためて問われます。

もう一つ、これは私たち世代にとっては本当にすごくうれしい出来事ですが、チリでもアジェンデ政権以来の左派政権が成立しました。アジェンデ政権と言ってもピンと来ない方も多いと思いますけれど、選挙によって社会主義政権が誕生するという素晴らしい出来事が1970年代にありました。でもその政権は軍部によるクーデターによって潰されてしまいました。アジェンデ大統領は自殺に追い込まれ、政権を支えたビクトル・ハラという国民的フォルクローレ歌手が、チリ・スタジアムで連行されてきた多くの市民を励まそうと革命歌を歌ったところ虐殺されてしまうという忘れられない出来事がありました。そのチリで政権交代が起き、アジェンデ政権以来の左派政権が登場したのです※。スペインの政権交代はコロナ禍の直前でしたが、このような変化がコロナ禍の世界で起こってきたのです。

※これにひき続き、2022年6月には南米コロンビアでも、大統領選挙の結果、グスタボ・ペトロ氏が当選し、同国初の左派政権が誕生しています。

憲法を守り切れるかどうかの正念場の日本

日本でも「野党は共闘！」を掲げる市民の声に応えた「市民と野党の共闘」の発展によって、この世界における政権交代の流れの中に加わっていく可能性が開かれようとしていました。実際、本当にギリギリのところまで追い詰めていたのです。そこでの最大の問題は、低迷し固定化する投票率をいかにして引き上げることができるかに懸かっていました。この間の参議院選挙の1人区や衆議院選挙における新潟の六つの小選挙区のように、投票率が6割に近づき、それを超えていけば、「市民と野党の共闘」による野党統一候補が勝利する可能性が高まることが明らかになっていました。たとえば新潟では、全国平均をおよそ10%上回る高い投票率の下で、六つの小選挙区のうちで四つまでで野党統一候補が勝つという結果が、2017年総選挙においても、2021年総選挙においても、もたらされてきたのです。

こういうことが全国規模で起きれば、日本でも政権交代が実現し、スペイン、ベルギー、ドイツ、オーストラリアと並んで、一連の政権交代のラインナップに堂々と胸を張って加わることができたはずなのです。しかし残念ながら、投票率をそこまで伸ばすことはできませんでした。そして、２２０もの選挙区で野党統一候補を擁立することができたにもかかわらず、政権交代を実現することはできませんでした。

でもこれは、本当にギリギリの土俵際まで追い詰めてのことでした。あと５００万票、あと５％、投票率を上げることができていたら、実は自・公で合せても過半数割れしていたはずなのです。自民党は１９０議席にとどまり、自・公を合わせても過半数に届かなかった。もちろん、自・公は維新と組んで自・公・維政権になったかもしれません。けれども本当に政権交代のスレスレのところまで行ったのです。あと５％でした。あと５００万票だったのです。私たちは、実はそこまで追い詰めていたのです。

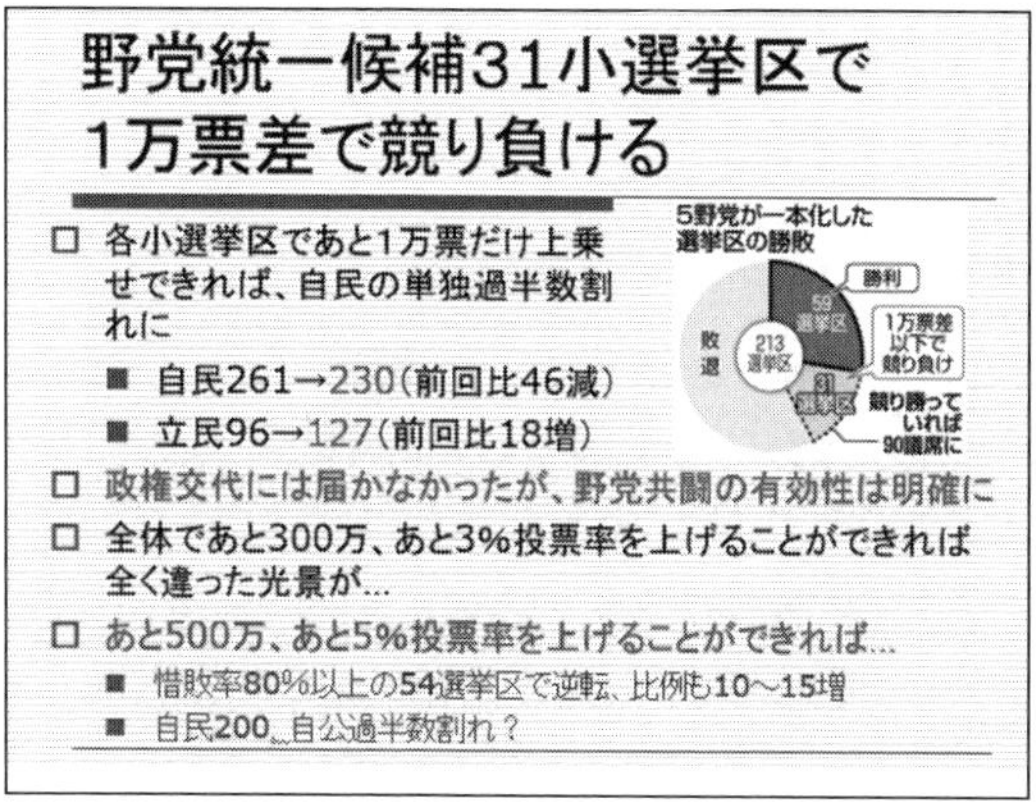
野党統一候補31小選挙区で
1万票差で競り負ける
□ 各小選挙区であと1万票だけ上乗せできれば、自民の単独過半数割れに
■ 自民261→230（前回比46減）
■ 立民96→127（前回比18増）
5野党が一本化した選挙区の勝敗
213選挙区
敗退
勝利
1万票差以下で競り負け
競り勝っていれば90議席に
□ 政権交代には届かなかったが、野党共闘の有効性は明確に
□ 全体であと300万、あと3%投票率を上げることができれば全く違った光景が…
□ あと500万、あと5%投票率を上げることができれば…
■ 惜敗率80%以上の54選挙区で逆転、比例も10～15増
■ 自民200、自公過半数割れ？

ところが、そこまで得票率や得票数では追い詰めていたのに、小選挙区という極めて歪んだ選挙制度の結果、改憲勢力が３３４議席を確保して、改憲発議のために必要な要件をクリアしてしまいました。ですから２０２２年７月に行われる

参議院選挙がまさに正念場。いま核兵器禁止条約を生み出した「世界の流れ」の中で、いよいよ輝きを増している日本国憲法を守り切ることができるかどうかが問われる正念場になってしまったのです。

参議院で改憲勢力に3分の2を与えさえしなければ、彼らが何をほざこうと改憲発議はできません。だから参議院選挙において、野党統一候補を実現した1人区では、これを一つも取りこぼさない。改憲勢力の議席数を現状維持ぐらいに止めれば改憲発議に必要な3分の2を超えられないわけですから、少なくともそういう成果を挙げることが求められているのです。

そのために何が必要なのか。この50%前後という投票率の低さ、これをなんとか克服していかなければなりません。日本では昔から投票率が低かったわけではありません。国政選挙のたびに50%前後の投票率しか出なくなったのは、2012年に安倍政権が誕生して以来のことに過ぎません。わずか10年ぐらいのことなのです。かつて投票率は極めて高かった。6割から7割の人が当たり前に投票していた。2009年に民主党政権が誕生し、政権交代が実現した時の

2021年衆院選の比例得票数 3:2:5の壁は破れず

2021衆院選		2019参院選		2017衆院選		2016参院選	
自民	1991	自民	1771	自民	1856	自民	2011
公明	711	公明	654	公明	698	公明	757
維新	805	維新	491	維新	339	維新	513
計	3507	計	2916	計	2893	計	3281
国民	259	国民	348	希望	968	民進	1175
れいわ	221	れいわ	228			生活	107
立憲	1149	立憲	791	立憲	1108		
共産	417	共産	448	共産	440	共産	602
社民	102	社民	105	社民	94	社民	153
計	2148	計	1920	計	2610	計	2037

投票率は、実に69％だったのです。かつてのように6割、7割、せめて6割に投票率を引き上げていく。6割に引き上げていくことができれば、つまり先ほど述べたように、あと5％、あと500万人が投票に来てくれていたら、全く違った風景となり、自・公で過半数を割らせていたのです。そこに今の私たちの最大の課題があるということになります※。

※残念ながら2022年7月の参議院選挙の結果は、自・公・維・国民の改憲勢力が改憲発議のために必要な166議席を大きく超える177議席を確保する結果となりました。投票日直前に起きた安倍晋三元首相の銃撃による死亡という衝撃的事件にも関わらず、投票率は52％に留まりました。32の1人区のうち野党共闘が実現したのは11選挙区に留まり、そのうち野党候補が勝利した選挙区も3選挙区に留ったのです。

改憲勢力は、この3対2対5の壁、これによって辛うじて総選挙をクリアして改憲ができる態勢を確保したということになるわけです。この3対2対5の壁をどう撃ち破るのか。要するに棄権している5割の人びとの中から、どれだけ投票所に足を向けてもらえるか。それにかかっているわけです。これが3対3対4になれば接戦となり、3対4対3になれば、自・公・維は過半数を割って政権交代が実現する。そういう数字です。これが今の日本の選挙をめぐる法則的な数字なのです。

これをなんとかしていかなければならない。「市民と野党の共闘」を再構築して政権交代を目指していく。そうすれば多くの国ぐにに続いて、ドイツやチリに続いて、政権交代を実現していくことができるわけです。

一国一票の国連緊急特別総会でロシア非難決議

まさにこうした時に、ロシアによるウクライナへの全面侵攻が行われたということになります。これがまさに先ほど言った核兵器禁止条約を生み出した世界への真っ向からの挑戦なのだということ。それを改めて確認しておきたいと思います。国際紛争の武力による解決を図ろうとした。武力行使をした。「国際紛争の平和的解決」という道を土足で踏みにじった国連憲章に明白に違反する行為です。

後で触れますけど、国連は、緊急特別総会の決議において、これを明確に「侵略 aggression」と断定しています。日本のメディアは、いまだにこれを「侵攻 invasion」などと言ってお茶を濁していますが、国連は明確にこれを「侵略 aggression」と呼んで非難している。つまり、国連憲章に対する明白な違反であって、侵略行為なのだということを国連緊急特別総会で明確にしているのです。

その「侵略」にあたって、「軍の抑止力を特別警戒体制におく」ことをプーチンは命じ、まさに露骨な「核脅迫」をしてみせたのは先にお話しした通りです。これだけ露骨な「核脅迫」は初めてのことであり、同時に「核抑止」というものが嘘で、それは「核脅迫」にほかならないのだということも白日の下に晒したということになります。つまりこれは、核兵器禁止条約の禁じている核兵器の「使用の威嚇」そのものなのだということです。こういうことをすること自体が核兵器禁止条約とこの条約を生み出した世界に対する真っ向からの挑戦にほかならないということです。

このロシアによるウクライナ侵略に対して、国連の安全保障理事会ではロシア軍の即時撤退

2022年4月24日、ロシア軍がウクライナへ全面侵略
ベラルーシ
ロシア
ポーランド
チェルノブイリ
ハリコフ
リビウ
キエフ
ウクライナ
ルガンスク
オデッサ
ドネツク
親ロ派支配地域
メリトポリ
モルドバ
ロシア軍の侵攻
クリミア半島
黒海
100km

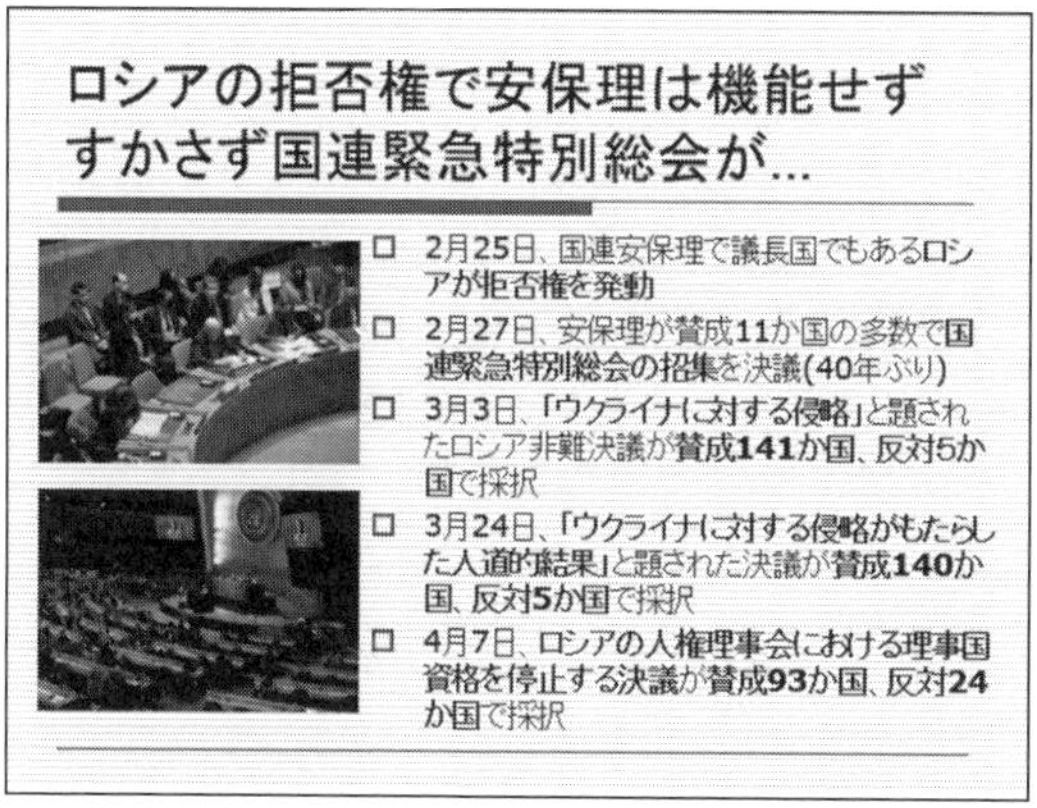
ロシアの拒否権で安保理は機能せず
すかさず国連緊急特別総会が…
2月25日、国連安保理で議長国でもあるロシアが拒否権を発動
2月27日、安保理が賛成11か国の多数で国連緊急特別総会の招集を決議(40年ぶり)
3月3日、「ウクライナに対する侵略」と題されたロシア非難決議が賛成141か国、反対5か国で採択
3月24日、「ウクライナに対する侵略がもたらした人道的結果」と題された決議が賛成140か国、反対5か国で採択
4月7日、ロシアの人権理事会における理事国資格を停止する決議が賛成93か国、反対24か国で採択

ウクライナに平和を!!
KILLER

などを求める決議案が採決にかけられ、理事国15カ国のうち11カ国が賛成しました。しかし、議長国で常任理事国のロシアが拒否権を発動し、決議案は否決されました(日本時間2月26日)。

でも、核兵器禁止条約を生み出した世界はこの拒否権行使に対して泣き寝入りはしません。すぐに安全保障理事会は賛成11カ国の多数決で国連緊急特別総会を召集します。国連緊急特別総会の招集は40年ぶりの出来事でした。ロシアが拒否権を発動した後、すかさず召集したのです。どういうことかと言うと、まさに大国の拒否権を許さない一国一票の民主主義。これを行使することを世界が決意をしたということです。その結果、3月3日にロシアの「ウクライナに対する侵略」という決議、明確にこれは「侵略」だと断定する決議が賛成141カ国、反対5カ国で採択されました。さらに3月24日には「ウクライナに対する侵略がもたらした人道的結果」という決議が、まさに「人道」の問題を取り上げて賛成140カ国、反対5カか国で採択され、さらにロシアの人権理事会における理事国資格を停止する決議も賛成93カ国、反対24カ国で採択されました。まさに「熟議」を尽くして多数決によって、大国の拒否権発動を許さず決めていく。小国も大国も一国一票の民主主義が大切なのだということをこういう形で示したのです。さらにこの後、大国が拒否権を発動した場合には、国連総会において説明責任を果たすことを求める決議も採択されました。このようにして、ロシアの挑戦を真っ向から受け止めて、世界は核兵器禁止条約を生み出した「不可逆な四つの流れ」をさらに前へと進めようとしているのです。

私たちがこの国連における国際社会の取り組みを見ることを通して言えることは、五つの核大国の「力」によって支配された世界ではなくて、国連総会が「熟議」を尽くして多数決で世界の重要事項を決めていく。大国も小国も拒否権無しで「熟議」と多数決で決定していくという新しい世界のあり方。それがここで示されようとしたのだと思います。ここをしっかりと見ることが重要です。

巷には「国連無力論」が蔓延（はびこ）っていますけれども、それは何も見ていないのです。核兵器禁止条約を生み出してきた「世界の不可逆の流れ」。そこにおける国連と国際社会、そして市民社会の努力。そういうものを何も見ようとしない議論なのです。私たちはこういう議論に振り回されることなく、いま世界がいかにしてロシアと対峙しようとしているのか。つまり「核兵器禁止条約を生み出した世界」と「それに真っ向から挑戦するロシア」との対峙がこうした形で示されているのだということをしっかりと理解する必要があるのです。

「力の支配」に対しては「法の支配」で対峙

私たちは「ウクライナに平和を！」ということを求めて叫んでいますが、もう一つ付け加えて言いますと、マリウポリについてはまだですが、あのブチャにおける戦争犯罪に対しては、国際刑事裁判所によってすでに検察官が派遣されているのです。国際刑事裁判所とは何をする裁判所かと言いますと、「人道に対する罪」、市民に対する非人道的な虐殺行為などを裁く国際法廷なのです。その国際刑事裁判所が検察官をウクライナに派遣し、まさにブチャの虐殺の現場に、さらにはこれからマリウポリなどにも入って行って、ロシア軍の行っている無差別攻撃や市民への虐殺行為などの証拠を確保して刑事訴追する準備をはじめているのです。誰が告発されるのかというと、手を下した張本人だけではなく、それを命じたプーチン大統領も刑事訴追の対象になるはずです。いずれは逮捕状が発行されることになるでしょう。そうなるとプーチンは逮捕を恐れてロシアの外には出られなくなります。たとえ権力を維持していたとしても、ロシアの国外に出た途端に逮捕される可能性が出てきます。つまり今、世界はプーチンの蛮行に対して、まさにその「力の支配」に対して、「法の支配」で対峙しようと、その姿勢を断固として貫こうとしているわけです。こういう動きは日本ではほとんど報道されません。しかし今、世界がどのような形でプーチンと対峙しようとしているのかをしっかり見極めていくことが必要です。

許し難い〝火事場泥棒的便乗犯〟たち

こうした中で、許し難い〝火事場泥棒的便乗犯〟たちが跋扈（ばっこ）しているというのが現在の日本です。つまり「憲法9条で日本は守れるのか」とか、「9条があればロシアに攻め込まれるぞ」とか、「中国が攻めてくるぞ」とか、そういう議論を展開しながら9条を敵視する議論が〝火事場泥棒的〟に噴出しているのです。しかしそれに対して、まさに「プーチンがやっているような他国への侵略をさせないこと」、そして「プーチンのような存在を日本では生み出さないこと」、これこそが「9条の本当の意味なのだ」ということを改めて強調することが必要になっています。

さらに〝火事場泥棒的便乗犯〟たちは「核共有」ということまで言い出しています。「核共有」とはアメリカの管轄下にある核兵器を「共有」するということですが、アメリカはその使用の権限は絶対に手放しませんから、アメリカがあくまでも指揮管轄をする核兵器を日本が協力して、例えば投下するということができるようになる。そういうことです。ドイツではそういう意味で昔から「核共有」がなされています。射程のすごく短い核兵器だけが「共有」されています。実際にどういう使い方をされるのかと言いますと、沖縄の人とってはすごく深刻だと思うのですが、もし中国が尖閣・沖縄に手を伸ばしてきた時、アメリカの核兵器を自衛隊機に積んで沖縄に投下するというような話です。このことを実は誰も言わないのですが、実際にもし「核共有」をしてドイツのような状態になって起こり得ること。それは、その前にまず中国が攻めてきて沖縄を占領するという、そもそも荒唐無稽な前提によるものではあるわけですが、もしそうなった場合は自衛隊機に核爆弾を積んで沖縄に投下するというのが「核共有」の本来の意味です。特に沖縄のみなさんはこのことを十分に理解しておく必要があると思います。こういうことを〝火事場泥棒的便乗犯〟たちは全く無責任にワアワアと議論をして、「議論さえしないとは何事だ」と息まいている。こういうことが起きているわけです。

さらに調子に乗って「敵基地攻撃能力」ということも言っています。安倍晋三元首相は、「敵攻撃能力とは相手をせん滅する打撃力だ」と言っています。「敵基地だけではなく相手の中枢を攻撃することも含む打撃力だ」とも。つまり、「敵基地だけではなくて、指揮統制機能も対象に含む攻撃能力」です。彼らはいったい何を言いたいのでしょうか。敵の中枢を叩くということは、ロシアが攻め込んできたらモスクワを攻撃し、せん滅できるような打撃力を保有するということです。中国が攻めてきたら北京をせん滅する、そういう攻撃能力を持つということです。これではもう9条も何もあったものではない。こうなると、どのような戦力が「敵の基地だけでなく、その中枢をもせん滅する打撃力」になるのかと言えば、それは核兵器以外にはないわけです。まさにこういう本当に許しがたい方向へと〝火事場泥棒的〟に議論を進めていく。そういう連中がいる。プーチンが「核脅迫」をしながら他国を侵略しているように、日本もまた核兵器を振りかざしながら他国を侵略できるようにしたい。それ以外の何者でもないということです。

ですから、まさに「プーチンが出現することを許さない。それが日本国憲法なのだ」ということの意味を改めて確認しなければなりません。彼らにはだからこそ9条が邪魔なのです。「自らがプーチンのようになりたい」「プーチンのように『核脅迫』をしたい」「プーチンのように侵略をしたい」。こういう人たちが今、このプーチンの侵略行為に便乗して〝火事場泥棒的〟に憲法を改定して「敵基地攻撃能力」を保有したい、あるいは軍事費をGDP比2％まで引き

許し難い!火事場ドロボウたち
「憲法9条で国は守れるのか」
という懸念の声が—
憲法9条で日本を守れる?
他国への侵略ができないように
するための条項が憲法9条なのです
守れるの?」共産は危機感

「核共有」まで言い出す
FNN
議論していくことを
タブー視してはならない
「核共有」議論
は当然
非核三原則は
昭和の価値観
「非核三原則を堅持するという
我が国の立場から考えて認められない」

「敵の中枢を攻撃することも含む
打撃力」としての敵基地攻撃能力
□ 2021年11月、安倍元首相は敵基地攻撃能力を、「相手を殲滅する打撃力」と説明
□ 2022年4月3日、安倍氏は「敵基地だけでなく、相手の中枢を攻撃することも含む打撃力」と講演
□ 2022年4月11日、自民党安全保障部会は、「基地だけでなく指揮統制機能も対象に含む攻撃能力」の保持を政府に提言する方向でのとりまとめ

上げたいなどとワアワアと叫んでいるということです。こうしたことに今、私たちは直面しているのです。しっかりとその本質を見極めていくことが必要なのです。ですからなんとしても、間近にせまった参議院議員選挙で改憲勢力の勢いを止めて、次の衆議院総選挙では政権交代を実現していかなければならない。そうしなければ、私たちはこの9条を守り抜くこと、平和憲法を守り抜いていくことはできない。核兵器禁止条約を生み出した世界がようやく追いつこうとしており、その輝きをいっそう増している日本国憲法を守り通すことができない。そういう状況に置かれているのだということになろうかと思います。

3対2対5の壁をどうやってうち破るか

以上のように考えると、やはり「核兵器禁止条約を生み出した世界の流れ」対「これに真っ向から挑戦しようとしているプーチン」という、この対立軸をしっかり見極めた時にはじめて、今の日本で、9条改憲とか、「核共有」とか、「敵基地攻撃能力」とか、そういう〝火事場泥棒的〟な発言をくり返している者たちの正体がはっきり見えてくるわけです。だからこそまさに「さあ、政権交代を始めよう！」ということにならなければならないのです。改憲を阻止するためには、さしあたり自・公・維を次の参議院選挙で3分の2以下に押しとどめる。もちろん、私たちがもっと勝って「ねじれ国会」になれば、いずれ岸田政権は行き詰って解散総選挙に打って出ざるを得なくなります。しかし、それはなかなか難しいと思いますから、せめて改憲阻止のために3分の1を絶対に確保するということ。そのためには32の1人区で市民と野党の共闘の統一候補を実現すること。すでに現実には勝ち目があるところに絞り込まれてきているみたいですが、絶対に一つも取りこぼさないということが大切だと思います。そしてこれを実現するためには、核兵器禁止条約を生み出した世界、この世界に確信を持つとともに私たち自身の2015年9月以来の闘いに誇りと確信を改めて持つことが必要なのではないかと思います。

そのためには、先ほど述べた3対2対5の壁をどうやって打ち破るのかということが私たちに問われているのです。立憲野党に2割、棄権が5割というこの壁を打ち破らない限り、私たちには勝利の展望を見出すことができないのです。では、その選挙に行かない5割の人びとがどういう構成になっているのか。2割までは今まで選挙に行ったことがある人です。彼らはあの2009年の総選挙で投票率を69%にまでに引き上げ、そして民主党による政権交代を実現させた人たちです。しかしその後、民主党政権に期待を裏切られ、政治そのものに失望して棄権に回ってしまった人たちです。この人たちにもう一度、政治への希望を取り戻してもらうこと。これが何よりも必要なわけです。もちろんこの人びとは、かなり深く政治に失望していますから、もう一度希望を持ってもらうのはなかなか大変です。

大変ですけれど、少なくともこれまで野党統一候補が立つということで、多くの人たちが改めて希望を持って投票所に足を運んでくれたことも疑いのない事実です。新潟での投票率6割とは、こういうことで説明できるわけです。

けれども、それだけでは私たちはまだやっぱり弱い。おそらく一番重要になってくるのはこの3割の「無関心層」と呼ばれる、これまで選挙にまったく、あるいはほとんど行ったことのないような人びとです。この3割の人びとのうちの半分近く、あるいは半分以上は、政治などという贅沢な事柄に関心を持つ「ゆとり」や「余裕」さえ奪われて、明日のご飯、明後日のご飯をどうするかに日々悩み、苦しんでいる。そのために一生懸命心を砕かなければならない。そういう暮らしに追い込まれてしまっている人たちなのではないでしょうか。

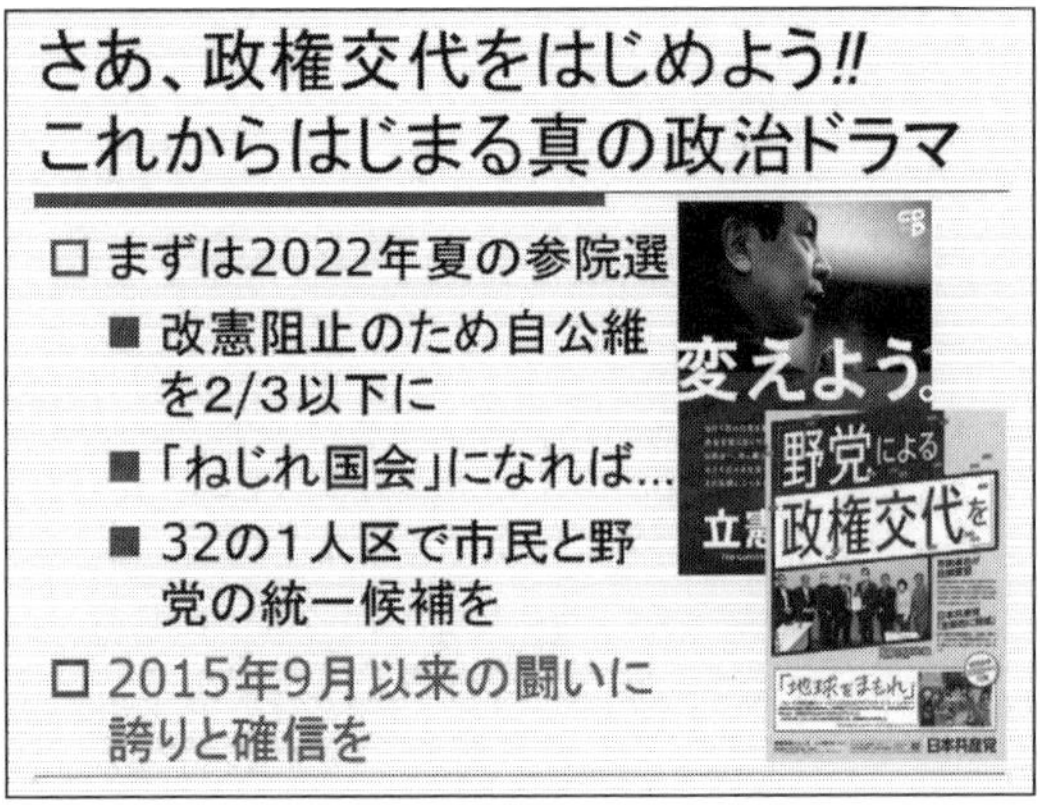

さあ、政権交代をはじめよう!!
これからはじまる真の政治ドラマ
□ まずは2022年夏の参院選
■ 改憲阻止のため自公維を2/3以下に
■ 「ねじれ国会」になれば…
■ 32の1人区で市民と野党の統一候補を
□ 2015年9月以来の闘いに誇りと確信を
変えよう。
野党による政権交代を
「地球をまもれ」
日本共産党

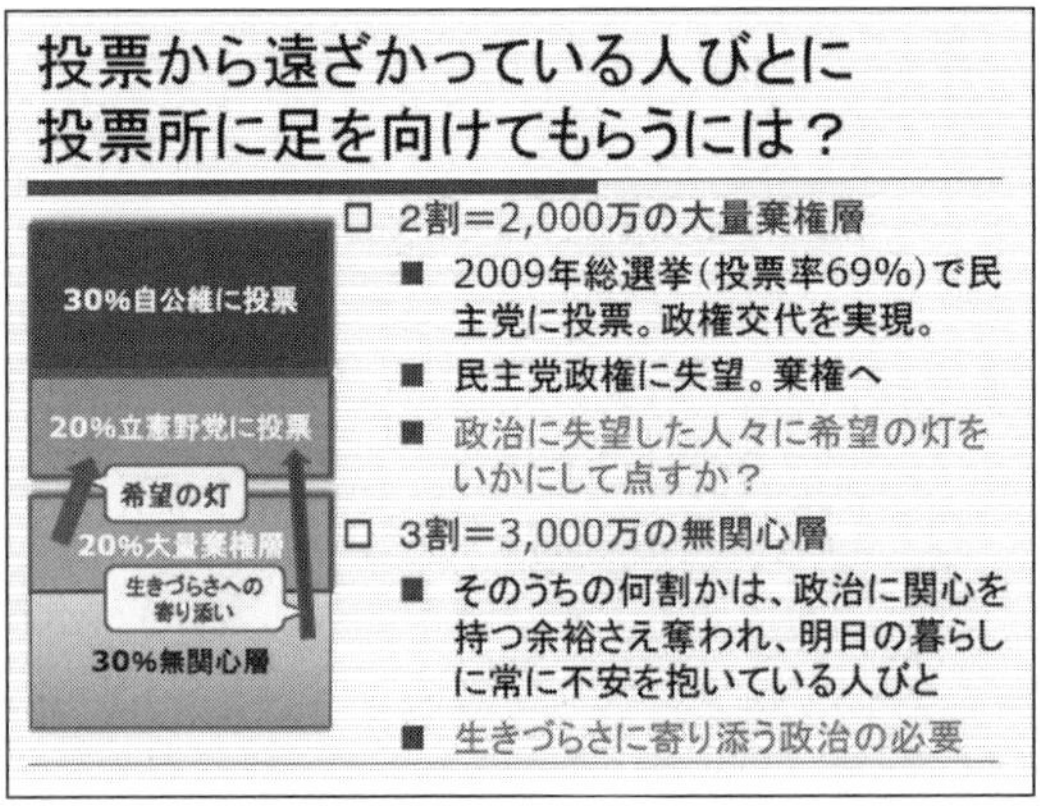

投票から遠ざかっている人びとに
投票所に足を向けてもらうには？
30%自公維に投票
20%立憲野党に投票
希望の灯
20%大量棄権層
生きづらさへの寄り添い
30%無関心層
□ 2割＝2,000万の大量棄権層
■ 2009年総選挙（投票率69%）で民主党に投票。政権交代を実現。
■ 民主党政権に失望。棄権へ
■ 政治に失望した人々に希望の灯をいかにして点すか？
□ 3割＝3,000万の無関心層
■ そのうちの何割かは、政治に関心を持つ余裕さえ奪われ、明日の暮らしに常に不安を抱いている人びと
■ 生きづらさに寄り添う政治の必要

これは2000年以来の

「小泉構造改革」、アベノミクス、そして大阪では維新政治が多くの人びとを追い詰めてきた結果にほかなりません。民医連のみなさん、とりわけ沖縄の民医連のみなさんは、こうした格差と貧困のすさまじい広がりに日々直面をされていることと思います。

沖縄の貧困と、それに並ぶ大阪の貧困はやはりすごい。子どもの貧困率で言えば、大阪は5人に1人です。大阪府全体が20％程度で大阪市は25％ぐらいだと言われています。それはいうまでもなく大人の貧困の反映です。30％と言われる「無関心層」のうち、この25％ぐらいまでは、子どもにまともにご飯を食べさせることができないような状況に陥っている人びとです。長い休みになると給食が食べられないので、貧しい世帯の子どもたちは、下手をすれば1日1食になってしまうと言われています。そういう子どもたちが全国平均では7人に1人の割合です。沖縄はたいへん深刻でたぶん3人に1人ではないでしょうか。大阪全体では5人に1人。大阪市では4人に1人にのぼります。子どもの貧困率からすればそのぐらいの割合になります。こういう貧困の中で本当に喘いでいる人びとに、私たちはどれだけしっかりと寄り添えているのだろうかということです。「市民と野党の共闘」を構成するすべての人びとが、この30％の「無関心層」、そして、その大半を占めるのであろう貧困に喘ぐ人びとにしっかり寄り添っていくことが必要だと思います。そしてそういうことを通じてはじめて、9条改憲をはね返すことのできる高い投票率を実現できるのではないでしょうか。

「人間の尊厳」を巡る私たちのスタンスにかかっている

最後になりますが、こうしたお話の結論として必ず申し上げているいのは、今こそ貧困な状態にある人たちと本当に正面から向き合って寄り添っていく、そういう関係を築いていくにはどうすればいいのかという問題です。差し当たり次の参議院選挙で改憲勢力を3分の2以下に抑え込んだとしても、次の総選挙、さらにはその次の総選挙と、政権交代が実現するまで、そして安定した連合政権を維持するために、私たちは闘い抜いていかなければならない。そうしなければ、いずれ先ほど述べたような〝火事場泥棒的便乗犯〟たちが「平和憲法」とそれに守られてきた「平和な日本」を踏みにじるのを許すことになりかねません。

本当にどう寄り添うのかという話です。大阪には「シンママ大阪応援団」という素晴らしい取り組みがあります。私もそれにいろんな形で関わらせていただいています。大阪のシンママさんたちの言葉に耳を傾けるとわかってくるのですが、大阪の街はシングルマザーたちにとって、自分たちが貧しいということを決して周りに気取られないように息を顰めるように暮らさなければならないような街になってしまっている。貧しいことが気取られてしまうと周りからバッシングを受けることになる。「まさか生活保護なんて受けているんじゃないだろうな」「誰がお前らを食わせてやってると思ってんだ」「自己責任なんだから甘えるんじゃない」とかいうように。

そして病気で苦しんでいる人たちに対しても、「自業自得の自己責任で病気になったやつの医療費をなんで俺たちが負担してやらなきゃならねえんだ」っていうような、こういうバッシングが飛び交うような街になってしまったのです。維新がそういう街にしてしまった。たとえば典型的には、長谷川豊という人の、「自業自得の人工透析患者なんて、全員実費負担にさせよ！無理だと泣くならそのまま殺せ！　今のシステムは日本を滅ぼすだけだ‼」というような発言があるわけです。

この長谷川豊氏を維新は衆議院選の千葉一区に公認候補として擁立しました。こうした発言に対して「殺せというのは言い過ぎだけど、まあ本当のことを言っているよな」と共感を寄せる人がいる。それが維新の支持者たちであって、そういう人たちが大阪の街には200万人ぐらいいる。ですからシンママさんたちは、自分たちが貧しいということを周りに決して気取られることがないように、息を顰めるように生きていかなければならない。本当にこのような状況のなかにいるのです。

そんな中、れいわ新撰組の山本太郎さんの「あなたに生きていてほしいんだよ！」という政見放送の一言がシンママさんたちを感動させたのです。シンママさんたちがみんな口を揃えて言っていました。「これまで選挙になんて行ったことはなかった。そんな贅沢なことに自分たちは関心持てなかった。本当にそれどころではなかった。だけど、山本太郎さんの『あなたに

政治に関心を持つ余裕や「ゆとり」さえ奪われた人びとにどう寄り添うか？

- □ 貧困と格差の拡大の中で、明日への不安に常にさらされ、政治に関心を持つ余裕すら奪われた人々。
- □ 人間の価値を生産性で測る社会の生きづらさ。
- □ 生きづらさを抱えた人々にどう寄り添うか？
- □ 再分配をこそ使命とする政治の本来的な優しさ。
- □「あなたに生きていてほしいんです‼」（山本太郎）

生きていてほしいんだよ！』っていう一言に涙が止まらないほど感動した。だから、なんとしても山本太郎さんを当選させたいと思った。それで生まれて初めて選挙に行きました」。こんなふうにシンママさんたちが口々に言うのです。

　彼女たちの多くは子どもの頃から虐待を受け、そして結婚してもＤＶに苦しめられ、子どもと一緒に命からがら逃げ出してきた。自分もメンタルを病み、子どもたちもメンタルを病みながら、それでもダブルワーク、トリプルワークをしながらなんとか生きている。だけど「自分が生きていていい存在」だなんて今まで一度も思ったことはないし、誰かに「生きていてほしい」なんて言われたこともなかった。だから、山本太郎さんから「あなたに生きていてほしいんだよ！」って言われた時に本当に感動した。涙が出た。「私は生きていていいんだ」ってはじめて思ったって言うのです。

　私はこの話を聞いて、山本太郎さんを支持するかしないかの問題ではなくて、この山本太郎さんのようなメッセージを、なぜ私たちはこれまで発信してこられなかったのだろうかと、なんて言うか、頭をブン殴られたような気持ちがしました。「やられた…！」と思いました。

私たちは「無関心層」と呼ばれる人びとに対して、「お前らみたいな無関心なやつがいるから、日本の政治が悪くなるのだ」と責めてきたのです。上から目線で非難する。でもそんな態度をとっている限り、本当に貧しさの中で喘いでいる人たちが、私たちと政治への希望を共にしてくれるはずはないのです。山本太郎さんのような姿勢と呼びかけに、今私たちは改めて学ばなければならない。本当に今、新自由主義の中で貧困と格差に喘いでいる人びとにしっかりと寄り添って、一緒に政治と社会を変えていこう。そういう立場を確立していかなくてはならないのだと思います。これもまた結局は、「人間の尊厳」「個人の尊厳」、それをめぐる私たちのスタンスにかかっているのだと思います。

核兵器をめぐる問題、憲法をめぐる問題、そして貧困と格差をめぐる問題。そうしたことを「人間の尊厳」という一つのキータームでしっかりと腑分けをしながら、私たちが今直面している真の対立軸がどこにあって、私たちが貫くべき立場がどこにあるのかということを、みなさんとともに改めて考えていければと思います。ご清聴、どうもありがとうございました。

質問に答えて

Q　日本のマスコミはロシアの行為に対して「侵略」と言わずに「侵攻」と言っていますが、なぜなのですか。

A　「侵略」という言葉を使いたがらないのはアメリカをはじめとする大国や日本の政府です。国連緊急特別総会の決議では明確に「ウクライナに対する侵略」と題されています。アメリカ、フランス、イギリス、そして日本政府もこの決議に賛成しました。しかし、なかなか「侵略」とは言い切りにくいようです。それはつまり、「国連憲章に明確に違反する許し難い行為だ」と断言できないような弱みを持っているということでしょう。そこが今、「大国が牛耳る世界」とそれに対して「小国も大国も一国一票で民主主義的に物事を決めていく世界」、そのどちらを取るかということが問われているわけです。つまり大国は、ロシアがやっていることは許し難いにしても、自分たちもまた大国としての拒否権をはじめとする「特権」を失いたくはないわけです。ですからロシアがやっていることを「侵略」だと断定して国連憲章に真っ向から違反しているという形で国際社会の中で徹底的に追い詰めることはできないのでしょう。非常に歯がゆい感じがします。でもそれは下手をすればブーメランのように自身に返ってくるからです。つまりロシアの「核脅迫」を非難できないのは、自分たちも「核脅迫」をしてきたわけだし、これからもしたいと思っているからでしょう。「核抑止」というものから完全に手を切らない限りは、大国が核兵器を持って世界を威嚇しているというこの「力の支配」から手を切らない限りは、公然とプーチンを「侵略者」として非難するという決意に立てないのだと思います。だから安保理の5大国の中では、「侵略」という言い切る感じには、なかなかならないでしょう。

ですから私は国連緊急特別総会が開かれてびっくりしたのです。まさか「侵略」と言うとは思いませんでしたから。翻訳が間違っているのではないかと思ったぐらいです。だけど、世界の多くの国ぐにはそう思ってはいないわけです。5大国が拒否権を発動し、核兵器という「力」を振りかざして世界を牛耳るということに対して批判の眼を向けている。だからプーチンも許せないけど、そういう5大国を中心とした、「核抑止」を中心とした体制をも許せない。世界はもうそういう段階になっているのです。

ですからいまこの世界では、ロシアとアメリカが対決しているわけでも、ロシアとNATOが対決しているわけでもない。まさに真の対立軸はどこにあるかということです。核兵器禁止条約を生み出した世界、ロシアが拒否権を発動したことに対して、40年ぶりに国連緊急特別総会を開催し、「熟議」と一国一票の多数決でウクライナ侵略への非難決議を挙げた。この国連総会が象徴するような世界が、プーチンと真っ向から対峙している。そこに真の対立軸があり、日本がどちらの側に立つかということも問われているわけです。日本にとって選択すべき道は、世界がようやく追いついてきた日本国憲法の理念と憲法第9条を断固として守り通すことでなければならないし、核兵器禁止条約を一刻も早く批准して、むしろ核兵器禁止条約を世界に広げる先頭に立たなきゃいけないはずだ。でも結局、そこのところが曖昧なのです。曖昧であればあるだけ、プーチンに対して断固たる態度がとれないのではないでしょうか。日本政府が「核共有」を議論しようと言っている限りは、プーチンの「核脅迫」に本当の意味で真っ向から対決することなんてできません。そういうことが問われているのだと思います。そして日本の大手メディアは、やっぱりそこを忖度している。あるいは残念ながら日本政府と同じ立場に立っている。だから「侵略」とは言えないのでしょう。

もう一つ重要なのは、ロシアがウクライナに対して行ったことを「侵略」だと認めると、日本が1930年代に「満州事変」とか「日華事変」とかいった名で行った「軍事侵攻」もまた「侵略」と認めざるを得なくなってしまう。そんな「弱み」と、忖度も見え隠れしているように思います。日本の大手メディアにとってはそれが大きいのではないかとも思います。過去の「侵略」を「侵略」と認めることができないものには、目の前で現に起きている「侵略」を「侵略」と認めることができないというわけです。

Q　民医連では無料低額診療に取り組み、「あなたはいていいんだよ」と訴えていますが、そういうメッセージの内容が有権者に伝わるにはどうすればいいのでしょうか。

A　無料低額診療のことも含めて、貧しさと本当に向き合って、寄り添って、民医連のみなさんが必死になって取り組まれているところだと思います。特に沖縄、そして大阪は日本社会の縮図のようなところがあって、あらゆる矛盾が集中しています。貧困の問題も例外ではありません。「オール沖縄」と「オール大阪」と私はよく言うのですが、そこにはある種の共通性があるはずです。「オール沖縄」は勝てるけど「オール大阪」はどうも腰が据わらない。どうしたら「オール沖縄」に学べるのかといつも言うのですが、その中の違いの一つにやはり貧困の問題とどれだけ真剣に向き合えているのかという問題があるように思います。大阪はそこに弱さを抱えてしまっているのではないか。かつてに比べると本当の意味で貧困の問題に寄り添っていくような活動が弱くなっている、細っている。民医連ですらそうなのですから、ましてや民主勢力全体ではどれだけ弱くなっていることでしょうか。大都市における貧困問題にしっかりと寄り添い切れているのかどうか、そこを考えないといけないように思います。それがどれだけの人に知られるかということよりも、本当に苦しんでいる人にそれがどれだけ伝わるのかだと思います。

たとえば「貧困110番」の取り組みがあります。でもその開設時間は10時〜17時というような時間帯です。でもそこにシンママさんたちが電話を掛けようとしても、その時間帯では無理なのです。なぜなら彼女たちはダブルワーク、トリプルワークをやっていて、子どもたちを寝かしつけて、家事も終えて、ほっと一息つける時間は午前1時とか2時とかだというのです。その時間にSOSを聴くチャンネルを開いておかないで、今回もシングルマザーからの相談がなかった、だからシングルマザーの貧困問題なんて存在しないのだと言ってしまうことになりかねない。そんな現状があるのです。我々の側にはやはりそういう弱点があるということを直視した方がよいのではないかと思うのです。

Q「敵基地攻撃能力」についてです。敵の中枢を叩くというのは例えば中国なら北京を、ロシアならモスクワをということですけど、逆に言うと敵から見れば東京を攻撃するということになります。これは非常に無責任だと思うのですが、どのように考えればいいのでしょうか。

A まさに無責任なのだと思います。〝火事場泥棒的〟に言いたいことを言っているのでしょうが、例えば古賀誠さんが、ああいう自民党や維新の連中の浮き足だったような妄言に対して、「彼らは本当の戦争というものを知らない、戦争を知らない世代が権力を握ると9条は危ない、9条を守ることは難しいよ」と、しきりに言われていたことを思い出します。野中広務さんなどもそう言われていましたね。まさにそういう話です。つまり相手の中枢にせん滅的な打撃を加えるなんてことをやったら、逆に東京がせん滅されることになりかねない。そのことに対する想像力さえ働かない。安倍晋三という人がいかにめちゃくちゃな考えの持ち主なのかということ。そしてその尻馬に乗る維新の連中がいかに愚かなのかということです。

ウクライナでの戦争が始まって誰もが危機感を抱きました。戦争という現実をある意味では直視させられたわけです。もちろん今までもイラクやアフガニスタン、シリアでも戦争はあったわけですが、こうも生々しくウクライナでの戦争に直面し、いろいろな意味で心配をし、不安を持っている人たちに対して、このように全く想像力を欠いた、戦争というものをほとんど理解してない連中が煽り立てるということの無責任さ。それはもう本当に度し難いものだと思うのです。これに対してどのように批判を強めていったらよいのかが問われてると改めて思います。

Q 「核共有」に関連してですが、1950年代にソ連が日本に侵攻して沖縄を占領することを想定した場合、海兵隊は敵に沖縄の基地を使わせないために米軍の核爆弾で沖縄を破壊するという計画が実際にあったそうです。それは先生もご承知だと思うのですが、そういう解釈でよろしいのでしょうか。

A 「核共有」の問題ですが、結局ドイツをモデルにすれば、そういう話にしかならないわけです。要するに米ソの冷戦当時、ワルシャワ条約機構とNATOが対峙するその最前線がドイツでした。そのドイツ軍がアメリカの核兵器を「核共有」し、ドイツ軍の戦闘機に積んで投下すると想定していたのは、ベルリンの壁を越えて西に侵攻してきたソ連軍をせん滅するということだったわけです。つまり自分たちの国土を核攻撃するはめになるのだということです。また現NATO加盟の何カ国かが「核共有」をしていますが、それらも同様の想定で行われているものです。それを日本でやるということになれば、例えばロシアが北海道に攻めてきて占領された時に、北海道に日本の自衛隊機が核爆弾を投下するとか、沖縄の米軍基地が中国の占領下に置かれてしまったと時に、それを叩き潰すために、米軍の核弾頭を積んだ自衛隊機によって核攻撃をするということになる。もともとそういう想定なのです。ですから何を今更「核共有」なのだと思います。ある意味、まともに受け止める方がどうかしているといってよいような議論だと思うのです。それをここまで声高に叫んでるわけです。もちろん我々としても軽視できないわけですから、きっちりと反撃していかなければならないと思います。

Q　維新や自民の支持層の中には、元々の「勝ち組」として維新の側についている人たちとは対極的な人びと、つまり結構生活の厳しい人たちも支持層にいるのではないかと言われていますが、その背景には何があるのでしょうか。

A　それはある種の都市伝説の類なのだと思います。つまり生活に行き詰った「負け組」の若年貧困層、たとえばロスジェネの世代の「負け組」の若年貧困層の人たちが、「この現状を打破するためには戦争でも始めてもらうしかない。そうしなければ浮かぶ瀬もない」として戦争待望論を唱える。こういった感覚が一時期広がった時代があったことも事実だとは思います。そういうこともたぶん影響しているのでしょうが、大阪において維新を支持しているのは「現状打破を求める若年貧困層なのだ」という議論が結構まことしやかに語られてきました。大阪で維新政治と対峙している人たちは、こうした幻想をかなり払拭することができたとは思うのですが、お隣の神戸や京都とかには、こうした都市伝説的幻想がけっこう根強く残っていて、講演などの機会では必ずこういう質問を受けます。「負け組」になってしまったので、「戦争でも起きてガチャポンしなければ、もう自分の浮かぶ瀬はない」と信じている追い詰められた若年貧困層が維新を支持しているなどということは、全くないとは言いませんが、それは決して多くはありません。こういう都市伝説めいたものは、維新とそのコアな支持層、そしてメディアの一部、具体的に言えば辛坊治郎あたりが意図的に流してきたのだと思います。大阪都構想の賛否を問う1回目の住民投票で負けた時に辛坊治郎は、「これは悪しきシルバーデモクラシーだ。若者の夢を年寄りが潰したのだ」という分析をテレビで流しました。でもこれは、とんでもない話で、もうめちゃくちゃなデータを使った印象操作だったのです。これを辛坊はテレビの開票速報で流したのですが、住民投票に負けた時を想定して、事前に準備していたとしか思えません。

なんとか「維新を支持している若い人たちの夢を、年寄りが潰した」という議論にしたかったのでしょうけれど、実際には世論調査では若者の都構想への支持はものすごく低かったのです。ただ出口調査をすると、都構想を支持している人たちだけが投票に行ったので、その結果だけを見ると若者が支持しているように見えたわけです。こういう数字のマジックを使って、貧困状態にある若者が維新を支持しているのに、悠々自適の年金生活をしている年寄りがそれを潰したのだと。とりわけ80％から90％もの投票率を叩き出した70代、80代あたりが悪いのだというような議論を振りまこうとしたのです。

私の実感に基づく話ですが、住民投票のおもしろい点は投票日まで運動ができることで、大阪市内300カ所の投票所にみんなで張り付いて、そこでスタンディングをしていたのです。私は運悪くというか、反維新の側が十分な手配のできていなかった西堀江というタワーマンションが林立している地域の投票所に行かざるを得ませんでした。維新の側は3人3交代で9人が、オレンジ色のお揃いのTシャツを着てずっとスタンディングしていましたが、私たちは烏合の衆ですから、SNSで連絡を取り合いながら、人が立っていない空白の投票所に慌てて駆けつけるような状態でした。スタンディングをしていると、タワーマンションから中堅のサラリーマン層でしょうか、比較的若い人たちがどんどん降りてくる。若いと言っても30代から40代ですが、その後ろを3歩くらい離れて奥方というか奥様というか、パートナーというか、そういう女性がついて歩いてくる。そして男性が維新の運動員にヨッとばかりに合図を送りながら投票所に吸い込まれていくのです。私は一日中、こういう姿を見ていました。「ああ、この人たちはみんな賛成なのだな」と思って見ていた。後日そのことを大阪の婦人団体の人たちに話をすると、「大阪にはそんな女はいないわよ」と言って怒られましたが（笑）。私は一日中見ていたんだから間違いないと言ったのですが、信じてもらえない。つまり、私たちが暮らしている世界と維新支持層の世界はそれぐらい別物だということなのです。大阪という街の非常に歪んだ格差と貧困が維新現象というものを生んでいるのだなということを実感したのです。私の維新についての議論の背後には、こういう実体験があるのです。

「人間の尊厳」を合言葉に社会と政治を変える
――コロナ、核兵器禁止条約、ウクライナ、そして平和憲法

世界の真の対抗軸を見極める

2年余りも続く新型コロナパンデミックと、この2月に突然開始されたロシアのウクライナ侵略によって、世界と日本は先行きの見えない混沌状態に置かれているように見えます。

わずか2年余りで650万を超える人びとの生命を奪ったコロナ禍によって、世界中の多くの人びとは人間の生命の大切さを改めて思い知らされました。感染症による理不尽な死に、誰もが人間として死ぬこと、人間らしく生きることの意味に改めて思いを馳せたことでしょう。

そんなコロナ禍の最中に突如開始された大国ロシアによるウクライナ侵略と核脅迫。市民への無差別攻撃や無惨な虐殺行為のくり返しに、戦争こそが人間の尊厳を根底から破壊する最悪の蛮行であることにも改めて気づかされました。そんな中で日本では、ロシアの蛮行に便乗する火事場泥棒さながらに、「9条で日本が守れるのか」などと改憲を叫ぶ声が喧しく飛び交っているのです。

こんな時だからこそ、世界と日本を巡る出来事の基本的な対抗軸がどこにあるのかをしっかりと見極めていくことが大切です。それは人間の生命の尊厳を基準に、それをおろそかにするものと、真に尊重しようとするものとを、しっかりと見定めていくことに他なりません。いまこそ「生命を生み出す母親は生命を育て生命を守ることを望みます」という日本母親大会の原点が問われているのです。

核兵器禁止条約を生み出した世界の流れ

２０１７年に１２２か国の賛成で採択された核兵器禁止条約は、コロナ禍の最中、昨年１月22日に発効し、世界は核兵器の開発、実験、製造、取得、保有、貯蔵、移転、受領、使用、威嚇などが国際法で明確に違法化された新しいステージへと進みました。批准国は既に66か国となり、世界は核兵器の禁止から廃絶へのカウントダウンに入っているのです。

この歴史的達成は、「原爆は人間として死ぬことも人間らしく生きることも許しません」という被爆者の声に世界が真摯に耳を傾け、人間の尊厳を根こそぎに奪い去るこの最悪の非人道兵器を決して許さないとの国際社会と市民社会の強固な決意がもたらしたものです。

核兵器禁止条約を生み出したのは、その非人道性を告発し、①核大国による拒否権の発動を許さず、世界の重要事項を国際社会と市民社会の熟議に委ね、この熟議の上に大国も小国も平等な1国1票の多数決で決めていこうとする民主主義の流れ、②核兵器を振りかざす大国の「力の支配」に対して、大国も小国も平等に国際法に従うべきとする「法の支配」を対置する流れ、③核使用をちらつかせて、敵を威嚇・脅迫し、恐怖で縛る「核抑止力論」を厳しく否定する流れ、④国際紛争の平和的解決の流れ、という不可逆の力強い4つの流れに他なりません。

核兵器禁止条約を生み出した世界は、「全世界の国民が、ひとしく恐怖と欠乏から免れ、平和のうちに生存する権利を有する」ことを高々と謳い、第9条で戦争と戦力の放棄を、第25条で国民の生存権を、そして第13条で個人の尊厳を明確に規定した日本国憲法にようやく追いつこうとしているのです。

コロナ禍が明らかにした世界の現実

2年半に及ぶコロナ禍は、この世界が直面するさまざまな問題を暴き出しました。コロナ禍というフィルターを通して見た時、これまで見えなかった世界の歪みがくっきりと姿を現し、多くの人びとにさまざまな気づきや目覚めがもたらされたのです。

それは、①感染症による理不尽な死が、人間の生命の尊厳への思いを新たにさせざるを得なかったことにはじまり、②その大切な人間の生命が、決して平等に扱われていないという現実を改めて見せつけたのでした。米国では白人と比して黒人やヒスパニックの死亡率が余りにも高いことに多くの人びとが気づく中、Black Lives Matter（黒人の生命も大切！）の運動が燎原の火のごとく広がりました。日本でも、時短営業などによって真っ先に仕事を失った非正規雇用の女性たちをはじめ女性の自殺者が急増し、新自由主義経済がもたらした貧困と格差、そしてジェンダーの不平等が改めて浮き彫りとなりました。その上、③新自由主義の権化とも言うべき「維新」が府政を牛耳る大阪で、全国平均の2・4倍もの死者が出ているように、市場万能主義を掲げる新自由主義が医療や福祉を根底から破壊し、人間の生命の尊厳をとことんおろそかにしていることも白日の下にさらされました。

さらには、④「コロナはただの風邪」「マスクは男らしくない」などとマッチョイズムに立つトランプ米大統領やブラジル・ボルソナロ大統領などの下で感染爆発が絶望的なまでに広がる一方で、台湾の蔡英文さん、ドイツのメルケルさん、ニュージーランドのアーダーンさん、フィンランドのマリンさんなど女性指導者の下、科学的エビデンスに基づく説明責任が果たされることで、コロナ封じ込めが見事に成功したことは実に対照的な出来事でした。それにつけてもアベノマスク、GoToトラベルの強行、イソジン騒動など、思いつきの域を出ない愚策を連発する日本の指導者たちに多くの国民が辟易とさせられたことも記憶に新しいところです。

加えて、⑤コロナ禍の下でも、世界で年間260兆円もの軍事費が浪費され、そのほんの一部でもコロナ対策に振り向けたなら、どれだけの生命が救われたのかと思わざるを得なかったことも挙げられるでしょう。国連軍縮担当上級代表の中満泉さんが、「国連の75年の歴史において、莫大な破壊力を持つ兵器により安全保障を確保しようとする愚かさがこれほど明らかであったことはありません」と国連のホームページで指摘している通りです。

こうしてコロナ禍は、多くの人びとに重要な気づきと目覚めをもたらし、核兵器禁止条約を生み出し、日本国憲法に追いつきつつある世界の不可逆な流れをさらに前へ前へと推し進めようとしていたのです。

ロシアのウクライナ侵略という逆流

今年2月に突如開始されたロシアによるウクライナ侵略は、核兵器禁止条約を生み出した世界の流れに真っ向から挑戦する野蛮な逆流に他なりません。

(1) 国連安保理常任理事国として拒否権を発動できるロシア自身が、国連憲章に明白に違反する侵略行為に撃って出たうえ、露骨な拒否権行使によって安保理を機能不全に陥らせたのです。安保理5大国の拒否権がこれほど露骨に発動されたことはありません。しかし、1国1票の民主主義を求める世界の流れは、ロシアによる拒否権行使に決して屈しませんでした。すかさず40年ぶりの国連緊急特別総会を招集して、3月3日に141対5の圧倒的多数でロシアによるウクライナ侵略への非難決議を採択し、さらに24日にもウクライナ侵略に関する人道決議を140対5で可決したのです。大国の横暴を許さず、国際社会と市民社会の圧倒的な世論によって、大国を包囲することがいまこそ求められているのです。

（2）ウクライナ侵略の開始にあたりプーチン大統領は、ロシアは「世界で最も強力な核保有国の一つ」だと公言し、「抑止力」の「特別態勢移行」を命じました。以来、折に触れ、核兵器使用をちらつかせ、世界を威嚇しています。プーチン大統領のこうした言動は、これまでになく露骨な「核脅迫」としか言いようのないものです。「核抑止」の正体が核脅迫に他ならないこと。それがこれほど明白に示されたこともありません。これは、禁止条約が明確に違法化した核兵器の「使用の威嚇」以外の何ものでもありません。

（3）ロシアによるウクライナ侵略は明白な国連憲章違反であり、ウクライナ各地でくり広げられている市民への無差別攻撃や虐殺行為は、ジュネーブ条約はじめ国際人道法に反するものです。こうした国際法違反の蛮行は、「法の支配」への真っ向からの挑戦です。プーチン大統領はじめ戦争犯罪人は、法により裁かれなければなりません。国際刑事裁判所の検察官がウクライナに派遣され、捜査が開始されています。国際社会において、「力の支配」に対する「法の支配」がいま試されようとしているのです。

ロシアのウクライナ侵略という蛮行は、核兵器禁止条約を生み出した世界の流れへの真っ向からの挑戦です。私たちの眼前で起きていることを貫く、真の対立軸がどこにあるのかをしっかりと見極めていくこと。それがいま必要なのです。

火事場泥棒的改憲論はプーチンの側に立つことの表明

ロシアによるウクライナ侵略に便乗して、火事場泥棒としか言いようのない改憲論が噴出しています。ロシアや中国や北朝鮮が攻めてきたら、「憲法9条で日本が守れるのか」。敵の基地だけでなく敵の中枢を殲滅するための打撃力を含む「敵基地攻撃能力」を保有すべきだ。軍事費をGDP比1％から2％へと倍増すべきだ。米国の核兵器を共有する「核共有」について議論すべきだ。憲法9条を改悪して自衛隊を書き込むことにとどまらない、軍事大国化や核武装までを視野に入れた暴論が、ここぞとばかりに飛び交っています。これを火事場泥棒と言わずに何と言えば良いのでしょう。いま少なからぬ国民が、こうした火事場泥棒的議論に影響を受けつつあることに、私たちは大いに警戒をしなければなりません。

ただ重要なことは、「核兵器禁止条約を生み出し、日本国憲法に追いつきつつある世界の不可逆な流れ」対「これに真っ向から挑戦する逆流としてのロシアによるウクライナ侵略」という真の対立軸を見極めた時、この便乗犯的火事場泥棒の動きがどのように見えてくるのかということです。

便乗犯的火事場泥棒の議論に共通するのは、「武力」には「武力」を、「力の支配」には「力の支配」

を、「抑止力」には「抑止力」をという、「力」対「力」のカビの生えたような古臭い論理です。核兵器禁止条約を生み出し、日本国憲法に追いつきつつある世界は、「力の支配」に対しては「法の支配」を対置し、「力」を振りかざす大国の横暴に対しては熟議と多数決による民主主義を対置する、こうした新しい世界のあり方を展望しているのです。

こうした視点で見た時、火事場泥棒的に「力」対「力」の論理を振りかざす自民や維新をはじめとする改憲勢力が、プーチン大統領と同じ側に立つものに他ならないことは誰の目から見ても明らかです。プーチンのような存在を日本では決して生み出さないこと。これこそが日本国憲法第9条の意味に他なりません。彼らもまたプーチンのように「力」をふるい、他国を蹂躙し、核兵器で世界を脅迫したいのです。だからこそ改憲勢力は、憲法第9条が邪魔で仕方がないのです。こうした構図を見極めること。これこそが、いま私たちに求められているのです。

「生命を生み出す母親」の澄んだ眼差しで

私たちには、いまこそ「生命を生み出す母親」の澄んだ眼差しで、世界と日本の現実を見通すことが求められているのではないでしょうか。人間の尊厳ある生命、それをないがしろにしようとしているのはいったい誰なのか。そして、人間の尊厳ある生命を育て守るためにいま何が必要なのか。こうした問いに答えるためにも、第67回日本母親大会の議論が大きく成功することを心より願うものです。

（第67回日本母親大会「大会しおり」）

原水爆禁止2022年世界大会　広島宣言

広島と長崎にアメリカの原子爆弾が投下されてから77年をむかえた。しかし、人類はいま、新たな核使用の危険に直面している。ロシアのプーチン大統領は、ウクライナ侵略を続けるなかで、核兵器による威嚇をくり返している。ロシアだけでなくアメリカや北大西洋条約機構（NATO）も「核抑止力」の維持・強化をはかっている。人類史上はじめて、筆舌に尽くしがたい核兵器の被害を体験した広島から、被爆者とともに世界に訴える――核兵器は、人間として死ぬことも、人間らしく生きることも許さない、「絶滅」だけを目的とした「絶対悪の兵器」である。その使用も、使用の威嚇も断じて許してはならない。その危険を根絶するには、核兵器の完全廃絶以外にない。我々は、新たな決意をもって、「核兵器のない平和で公正な世界」の実現にむけて歩みをすすめる。

国際政治も今日の危機をのりこえ、前進しようとしている。歴史上はじめて核兵器を違法化した核兵器禁止条約が発効し、支持と参加が広がり続けている（批准66カ国、署名86カ国）。禁止条約の第1回締約国会議（6月21～23日、ウィーン）は、政治宣言「核兵器のない世界への私たちの誓約」（「ウィーン宣言」）を満場一致で採択し、「核兵器のない世界」に向けて希望ある力強いメッセージを発した。宣言は「核抑止論は、核兵器が実際に使用されるという脅威、すなわち無数の生命、社会、国家を破壊し、地球規模の破滅的な結果をもたらす危険性に基づいており、その誤りをこれまで以上に浮き彫りにしている」とのべ、「核抑止力」を厳しく批判した。採択された行動計画では、被爆者や核実験被害者への支援や核保有国の参加手順をはじめ条約を履行するための具体化もおこなわれた。禁止条約が国際法として確立し、世界の多数の国々がこれを支持していることは、もはや動かせない現実である。禁止条約を力に、市民社会と諸国政府との共同をさらに発展させるならば、「核兵器のない世界」への展望をきりひらくことは可能である。

核大国のロシアが自国の犠牲をかえりみず、「核部隊に特別警戒態勢」を命じるなど核兵器による威嚇を公然とおこなったことは、核兵器が「核使用を抑止する」という「核抑止力」論が、もはや成り立たないことを示した。「核抑止力」なるものが、核の威嚇のもとに他国を侵略し、支配するための手段であることも明白となった。「核抑止力」は核兵器を使用して、無数の人々の命を奪い、都市と環境を破壊し、破滅的な結末をもたらすことを前提としたものである。人類を破滅のふちに追いやる元凶である「核抑止力」論をいまこそのりこえるときである。

第10回核不拡散条約（NPT）再検討会議がニューヨークで開かれている（8月1日～26日）。米ロ英仏中の核五大国が参加するこの会議が、核使用の危険を抑え、「核兵器のない世界」への展望を開くものとなることを強く求める。NPTは核軍備撤廃についての交渉を行う義務を定め（第6条）、再検討会議では自国核兵器の完全廃絶の「明確な約束」、「核兵器のない世界」の実現やそのための「枠組み」づくりの努力、中東非核兵器地帯の創設などが合意されてきた。しかし、核兵器国はこれらの実行に背を向けるばかりか、核兵器の「近代化」や核使用政策の強化をすすめている。核兵器国がこの不誠実な態度をあらため、条約の義務とこれまでの合意を確認し、これらを誠実に実行するよう強く求める。核兵器禁止条約は、NPT第6条実施を前進させるものであり、相互に補完しあうものである。

日本には唯一の戦争被爆国にふさわしい役割の発揮が強く求められている。しかし、日本政府はアメリカの「核の傘」への依存を深め、核兵器禁止条約に反対するなど、国民の願いにも、世界の流れにも背を向けている。「核共有」の議論を求める動きも重大である。これらは、北東アジアにおける核対核の悪循環を加速させるだけである。日本政府に対し、「核抑止力」論から脱却し、核兵器禁止条約への支持、参加を表明することを要求する。

ロシアのウクライナ侵略は明白な国連憲章違反である。我々は、ロシア軍の撤退と原発への攻撃・占拠を含む一切の軍事行動をただちに停止するよう要求する。国際社会は、国連憲章という共通のルールにもとづく世界秩序の回復、強化で結束すべきである。ロシアに対する態度の違いはあっても、締約国会議が一致して「あらゆる核兵器の威嚇を非難」したことは重要である。我々はあらゆる紛争の外交的解決を求める。北朝鮮の核・ミサイル開発問題や中国の南シナ海や東シナ海における力による現状変更も、軍事力による対抗ではなく、国際法にもとづく対話と交渉によって対処すべきである。

ウクライナ侵略を機に、軍事同盟の強化・拡大、さらなる軍備拡大をすすめようとする動きに断固として反対する。NATOが首脳会議（6月29日、マドリード）で、新たな「戦略概念」を採択し、核軍事同盟としての強化、即応部隊の増強などをすすめ、アジア太平洋地域でもアメリカが、二国間、多国間の軍事協力を拡大しようとしていることは重大である。憲法改定、大軍拡、「敵基地攻撃能力」の保有など、日米軍事同盟のもとでの「戦争する国」づくりに反対する。日本国民の運動が果たすべき役割は重要である。

ジェンダーの視点が核軍縮プロセスにおいても貫かれるべきである。核兵器使用の女性に対する過度に大きな影響、軍縮交渉における女性比率の低さは、この課題を急務としている。反核平和運動においても、この視点がいっそう重視されなければならない。戦争や軍拡に浪費される資源を気候危機の打開、貧困と格差の解消、人権と人間の尊厳を守るために振り向けさせることも急務である。「核兵器のない平和で公正な世界」の実現がいまこそ求められている。

今後の帰趨を決するのは諸国民の世論と運動である。我々は以下の行動に立ち上がるようよびかける。

――被爆者、核実験被害者の証言や原爆パネル展などヒロシマ・ナガサキの被爆の実相、核兵器使用の非人道的な結末を普及する活動を内外に広げ、核兵器の使用とその威嚇を許さない世論を構築しよう。国連と各国政府が、これらの活動を推進、支援するよう求めよう。

――核兵器禁止条約への支持・参加の促進をはじめ、核兵器廃絶をめざす世論を発展させよう。とりわけ核保有国や「核の傘」に依存する国々において、自国の条約参加を求める運動を強めよう。

――核兵器廃絶を共通の要求とする国際共同行動「平和の波」行動（2022年8月4日～9日）を成功させよう。

――第77回国連総会、NPT再検討プロセス、核兵器禁止条約締約国会議などを節目に、諸国政府と市民社会の共同を発展させよう。
――軍事費の削減、外国軍事基地の撤去、軍事同盟の解消、枯葉剤など戦争被害者への補償・支援と被害の根絶、平和教育の推進など、反戦平和の諸課題にもとづく運動との共同を発展させよう。
――「核兵器のない世界」を求める運動を、くらしと命、人権を守り、原発ゼロ、気候危機の打開、ジェンダー平等、自由と民主主義を求める運動など、あらゆる階層、世代の人々の広範な運動と連帯してさらに発展させよう。

我々は、被爆者とともに、そして未来を担う若い世代とともに、これらの行動の先頭に立つ決意を表明する。

ノーモア・ヒロシマ　ノーモア・ナガサキ　ノーモア・ヒバクシャ　核兵器をなくせ！

2022年8月6日
原水爆禁止2022年世界大会

（原水爆禁止２０２２年世界大会 - ヒロシマデー集会にて採択）

「核兵器のない世界への私たちの誓約」
核兵器禁止条約第1回締約国会議　ウィーン宣言（全文）

1　私たち、核兵器禁止条約の締約国は、条約の発効を記念し、核兵器の完全な廃絶を実現するという私たちの決意を再確認し、条約の完全かつ効果的な実施のために私たちの進むべき道を示すために、第1回締約国会議に結集した。私たちは、署名国やオブザーバー国、その他のオブザーバー、市民社会の代表、核兵器の使用や核実験の生存者の幅広い参加を歓迎する。

2　私たちは、2021年1月22日に条約が発効したことを祝する。核兵器は、生物・化学兵器が長らくそうであったのと同様に、いまや国際法によって明示的かつ包括的に禁止された。私たちは、条約が大量破壊兵器に対する国際的な法体系の空白を埋めていることを歓迎し、すべての国家が国際人道法を含む適用可能な国際法を常に順守する必要性を再確認する。

3　私たちは、この条約の創設を鼓舞し動機づけた、そしていまもこの条約の実施を推進し導いている以下の道徳的・倫理的要請を再確認する。

—法的拘束力のある核兵器禁止の確立は、核兵器のない世界の達成および維持にとって、したがって国際連合憲章の目的および原則の実現にとって必要とされる不可逆的で検証可能かつ透明性のある核兵器の廃絶に向けた基本的措置である。

—核兵器がもたらす壊滅的な人道的影響は、適切に対処することができず、国境を越え、人間の生存と幸福に重大な影響を与え、生存権の尊重と相いれないものである。核兵器は、破壊、死、強制移住をもたらすだけでなく、環境、社会経済的持続可能な開発、世界経済、食糧安全保障、女性や少女に与える不釣り合いに大きな影響に関するものを含め現在および将来の世代の健康に、長期にわたる深刻な損害を与える。

—すべての国は、国際法および2国間協定に基づくそれぞれの義務に従って、核軍縮を達成し、あらゆる面で核兵器の拡散を防止し、核兵器の使用または使用の脅威を防止し、核武装国の過去の使用および実験によって生じた被害者を支援し、被害を救済し、環境被害を修復する責任を共有している。

—事故、誤算、故意による核兵器の爆発リスクは全人類の安全保障に関わり、核兵器のない世界の実現と維持は、国家的および集団的安全保障上の利益に資する。

—核兵器の存在が全人類にもたらすリスクは非常に深刻であり、核兵器のない世界を実現するために直ちに行動を起こすことが必要である。これが、いかなる状況下でも核兵器が再び使用されないことを保証する唯一の方法である。私たちには待っている余裕はない。

4　私たちは、核兵器使用の威嚇と、ますます激しくなる核のレトリックに恐怖を抱き、かつそれにがくぜんとしている。私たちは、核兵器のいかなる使用または使用の威嚇も、国際連合憲章を含む国際法の違反であることを強調する。私たちは、明示的であろうと暗示的であろうと、またいかなる状況下であろうと、あらゆる核の威嚇を明確に非難する。

5　核兵器は、平和と安全を守るどころか、強制や威嚇、緊張の高まりにつながる政策の道具として使われている。これは、核兵器が実際に使用されるという脅威、すなわち無数の生命、社会、国家を破壊し、地球規模の破滅的な結果をもたらす危険性に基づいている核抑止論の誤りを、これまで以上に浮き彫りにしている。私たちは、核兵器が完全に廃絶されるまで、すべての核保有国がいかなる状況下でも核兵器を使用したり、使用の威嚇をしたりしないよう要求する。

6　私たちは、9カ国が依然として約1万3000発の核兵器を保有していることや、核兵器の使用や威嚇の根拠を並べた安全保障政策に対し、強い懸念を抱いている。これらの核兵器の多くは一触即発の警戒態勢にあり、数分以内に発射できる状態にある。さらに私たちは、一部の非核保有国が核抑止力を擁護し、核兵器の継続的な保有を奨励し続けていることに懸念を抱いている。増大する不安定性と明白な紛争は、意図的であれ事故や誤算であれ、核兵器が使用される危険性を大きく高めている。核兵器の存在は、すべての国家に共通する安全保障を低下させ、脅かすものである。それはまさに、私たちの生存を脅かしている。

7　このような恐ろしいリスクがあるにもかかわらず、また、軍縮の法的義務や政治的公約があるにもかかわらず、核武装国や「核の傘」の下にあるその同盟国のいずれも、核兵器への依存を減らすための真剣な措置をとっていないことを、私たちは残念に思い、深く憂慮している。それどころか、すべての核武装国は、核兵器の維持、近代化、改良、拡大のために巨額の資金を費やし、安全保障政策において核兵器をより重視し、その役割を増大させているのである。私たちは、こうした不穏な動きを直ちに停止させることを強く求める。これらの資源は持続可能な開発のためにこそよりよく活用できることを、私たちは強調する。

8　このような状況において、核兵器禁止条約はこれまで以上に必要とされている。私たちは、核兵器にさらに汚名を着せ、正統性を奪うために、核兵器に反対する強固な世界的規範を着実に構築することを目指し、その実施を進めていくつもりである。

9　私たちは共に、条約のメカニズムを発展させていく。私たちは、国家の義務を完全に果たしていく。私たちは、国連、国際赤十字・赤新月運動、その他の国際・地域機関、核兵器廃絶国際キャンペーンなどの非政府組織、宗教指導者、国会議員、学者、先住民族、核兵器使用の被害者（ヒバクシャ）、核実験の被害者、青年グループと協力する。彼らの核兵器廃絶のための貴重な貢献を認識し、感謝している。私たちは、今後も第一線の科学者の専門知識を活用し、影響を受けた人々と協議し、包括的に活動していく。

10　この条約の人道的精神は、核兵器の使用や実験によって引き起こされた被害を是正することを目的とした積極的義務に反映されている。私たちは、この条約の積極的義務の履行を進めるために、締約国間の国際協力を強化する。私たちは、核兵器の使用または実験の被害者に差別することなく年齢や性別に配慮した援助を提供し、環境汚染を是正するために、影響を受けた人々と協力する。私たちは、この条約の革新的なジェンダー規定を重視し、核軍備撤廃外交に男女が平等かつ完全で効果的に参加することの重要性を強調する。

11 私たちは、すべての地域において条約の加盟国を増やすよう努力する。私たちは、条約の普遍化とその完全な実施という私たちの目標を支持するために、公衆の良心に訴える。私たちは、条約の目的と目標を達成するための努力の指針として私たちが採択した行動計画を実施するために努力する。私たちは、この条約の実施を検討するために定期的に会合を開き、この条約を強化し、核軍備撤廃を前進させるための追加的な措置を確認する。

12 私たちは条約の外の国とも協力する。私たちは、核不拡散条約（NPT）を軍縮・不拡散体制の礎石と認識し、それを損なう恐れのある脅威や行動を遺憾とする。私たちは、全面的に義務を果たしているNPT締約国として、本条約とNPTの補完性を再確認する。私たちは、核軍拡競争の停止および核軍備撤廃に関連する必要かつ効果的な措置として、核兵器の包括的な法的禁止を発効させることにより、NPT第6条の実施を前進させたことを喜ばしく思う。私たちは、全てのNPT締約国に対し、第6条の義務およびNPT再検討会議において合意された行動と約束を完全に実施するための努力を再活性化することを求める。私たちは、共通の目的を達成するため、全てのNPT締約国と建設的に協力するとの約束を改めて表明する。

13 私たちは、核軍縮に効果的に貢献できるあらゆる措置を引き続き支持する。これには、包括的核実験禁止条約の発効に向けた努力、核兵器の使用および使用の脅威を軽減するための暫定措置、軍縮検証措置の更なる発展、消極的安全保障の強化、核兵器およびその他の核爆発装置製造用の核分裂物質を禁止する法的文書が含まれる。私たちは、非核兵器地帯との協力を継続し、核兵器禁止条約の禁止事項、義務および目的が、これらの地帯の設立条約と完全に適合し、補完的であることを確認することを誓約する。

14　私たちは、核軍備撤廃の緊急性、核兵器の存在がもたらす人道的影響とリスクに関する重要な証拠を、関連するすべての軍縮・不拡散プロセスにおいて、そしてより広く世界の人々に対して、さらに強調することを誓約する。こうした影響を防ぐことは、核兵器のない世界を実現し維持するための私たちの集団的努力の中心になければならない。

15　私たちは、すべての国に対し、核兵器禁止条約に遅滞なく加盟するよう求める。私たちは、このステップを踏む準備がまだできていない国々に対し、この条約に協力的に関与し、核兵器のない世界という私たちの共通の目標を支援するために、私たちと協力するよう訴える。私たちは、一部の核武装国が、非核保有国に対して条約への加盟を思いとどまらせるような行動をとっていることを遺憾に思う。私たちは、こうした諸国はそのエネルギーや資源を、核軍縮に向けた具体的な進展に向ける方がよいと提案する。そうすれば、すべての人のための持続可能な平和、安全、発展に真に貢献することができる。私たちは、そのような進展を歓迎し、祝福する。

16 私たちは、この条約の目的を実現する上で私たちの前に立ちはだかる課題や障害に幻想を抱いていない。しかし、私たちは楽観主義と決意をもって前進する。核兵器がもたらす破滅的なリスクに直面し、人類の生存のために、そうしないわけにはいかない。私たちは、開かれた道をすべて選び、まだ閉ざされている道を開くために粘り強く努力する。私たちは、最後の国が条約に参加し、最後の核弾頭が解体・破壊され、地球上から核兵器が完全に廃絶されるまで、休むことはないだろう。

(『しんぶん赤旗』、2022年6月27日付に掲載)

【著者紹介】

冨田 宏治（とみだ こうじ）

関西学院大学法学部教授。

1959年生まれ。名古屋大学法学部卒。名古屋大学法学部助手、関西学院大学法学部専任講師・助教授を経て、1999年より現職。専攻は日本政治思想史。学生時代より原水爆禁止運動に参加し、2006年より原水爆禁止世界大会起草委員長を務める。大阪革新懇代表世話人。

著書：『維新政治の本質』（あけび書房、2022年）、『今よみがえる丸山眞男』（あけび書房、2021年）、『新版　核兵器禁止条約の意義と課題』（かもがわ出版、2021年）など多数。


「核抑止力」論を乗り越えるために　世界の真の対抗軸を見極める

2022年11月20日　初版第1刷発行

著者　冨田宏治
発行者　坂手崇保
発行所　日本機関紙出版センター
〒553-0006　大阪市福島区吉野3-2-35
TEL 06-6465-1254　FAX 06-6465-1255
http://kikanshi-book.com/
hon@nike.eonet.ne.jp
編集　丸尾忠義
本文組版　Third
印刷製本　シナノパブリッシングプレス

ISBN978-4-88900-277-5